SONHANDO COM PIPAS

SONHANDO COM PIPAS

Adelson de Sousa
Silvia Noara Paladino

M.Books do Brasil Editora Ltda.

Rua Jorge Americano, 61 - Alto da Lapa
05083-130 - São Paulo - SP - Telefone: (11) 3645-0409
www.mbooks.com.br

Dados de Catalogação na Publicação

DE SOUSA, Adelson e PALADINO, Silvia N.
Sonhando com Pipas/ Adelson de Sousa e Silvia Noara Paladino.
São Paulo – 2018 – M.Books do Brasil Editora Ltda.
1. Biografia
ISBN: 978-85-7680-303-4

Editor: Milton Mira de Assumpção Filho

Edição de texto: Wagner Hilário
Produção editorial: Lucimara Leal
Revisão: Heloisa Dionysia
Ilustrações: Eduardo Ramos
Capa e diagramação: Crontec

2018
M.Books do Brasil Editora Ltda.
Todos os direitos reservados.
Proibida a reprodução total ou parcial.
Os infratores serão punidos na forma da lei.

Dedico esta obra à Cássia e aos meus filhos, Victor e Gabriel, que são o resultado maior de tudo o que sonhei.

Adelson de Sousa

AGRADECIMENTOS

Por mais que um relato biográfico tente reconstruir o passado com riqueza de cenas e personagens, ele acaba sendo, no fim, um extrato do que aconteceu. E essa limitação me afligiu desde o início do projeto, pois eu não queria deixar aqueles que mais me importam de fora. Mas a narrativa demanda escolhas. E como foi difícil aceitar a ideia de que o espaço é finito.

Exemplo de dura escolha nesse processo é que não há, no texto, menção ao Vinicius, a quem considero meu terceiro filho e que significa, para mim, a concretização do sonho de formar pessoas e transformá-las pela educação (propósito que tomou proporções ainda maiores a partir do trabalho do Instituto IT Mídia).

Esta biografia é, portanto, uma tentativa de mostrar a essência de uma história muito intensa, que envolve diversas pessoas por quem tenho gratidão e carinho profundos. Assim, procuro pensar que os personagens e os episódios retratados aqui representam, de certa forma, todos os amigos, familiares, parceiros de trabalho e colaboradores que estão presentes ou passaram pela minha vida.

Que todas essas pessoas sintam o quanto são importantes e que fazem parte dessa história. Mais do que o registro em página, tudo o que vivemos juntos está gravado em minha memória.

Adelson de Sousa

Às pessoas que ocupam os lugares mais caros em meu coração – minha família, meus melhores amigos, meu parceiro.

Aos meus professores e aos amigos e colegas de profissão no DeROSE Method, que me inspiram e educam, todos os dias, a ter uma vida útil, consciente e feliz.

À minha leal e amada sócia, Adriele Marchesini, que divide comigo o privilégio de construir uma obra cheia de propósito, a agência essense.

E, por fim, ao Adelson de Sousa, que, ao encarar a transformação intrínseca ao processo de resgate de uma história de vida, também fez, desta biógrafa, uma pessoa mais forte e persistente.

Minha gratidão infinita pela oportunidade de aprender, através de vocês (do outro), a me aprimorar como ser humano.

SILVIA NOARA PALADINO

SUMÁRIO

10 **PREFÁCIO**

14 **90 DIAS NO GARIMPO**
Capítulo 1

30 **CONECTANDO OS PONTOS**
Capítulo 2

42 **DEBAIXO DE UM PÉ DE MANGA: SEGURANÇA, CONEXÃO E LIBERDADE**
Capítulo 3

58 **SOBRE TODAS AS COISAS QUE DEIXAMOS PARA TRÁS**
Capítulo 4

70 **SONHOS FEITOS DE PAPEL, LINHA E TIJOLOS**
Capítulo 5

86 **NA SACOLA, SONHOS PARA COMPRAR E VENDER**
Capítulo 6

96 **FILHOS DA AMAZÔNIA**
Capítulo 7

114 **ATRÁS DAS PEGADAS DE PACAS: A TRAIÇÃO**
Capítulo 8

UM ENVIADO DE DEUS 128
Capítulo 9

EU VOU É MONTAR COMPUTADOR 144
Capítulo 10

A MAIS IMPORTANTE REVISTA DE TECNOLOGIA DO MUNDO 156
Capítulo 11

SE É PARA MORRER, EU VOU MORRER EM PARIS 172
Capítulo 12

DE VOLTA PARA CASA 184
Capítulo 13

DE HOJE EM DIANTE 198
Capítulo 14

SOBRE A CENTELHA ORIGINAL 218
Capítulo 15

DA PELE PARA DENTRO 232
Capítulo 16

DIGA ADEUS A ELAS 242
Capítulo 17

POSFÁCIO 250

PREFÁCIO

Pé no chão, olhar no alto!

Empinar papagaio é muito bom brinquedo:
obriga o menino a olhar para o céu.
– Gilberto Amado, *Depois da Política*

Todas as pessoas que conhecem o Adelson, ou que da história dele tomam ciência, reforçam ser essa uma "história incomum".

O que seria isso, de fato? Incomum por ser rara? Verdade; assim tem sido. Incomum por ser vitoriosa? Verdade de novo; assim foi edificada. Incomum por ser amorosa? Verdade, mais ainda; assim continua, na família (especialmente), na amizade, na comunidade.

Por isso, é impossível ler as muitas trilhas, vários dramas, algumas tramas e certos traumas, partilhados aqui pelo Adelson, sem lembrar da certeira e definitiva frase de Paulo Leminski: "Haja hoje para tanto ontem".

Haja hoje para tanto ontem! É muita história para contar em uma trajetória singular, rara sim, difícil, mas não impossível.

Partiu de aguda pobreza econômica no interior paulista para, ainda na primeira infância, ter de sobreviver em São Paulo, sem conseguir, na época, ultrapassar o Ensino Fundamental, recolhendo e negociando sucata; depois, ainda muito adolescente, lidando com mercadorias trazidas de fora para suprir ambulantes; até partir em uma "expansão" mercantil em direção ao turbulento mundo do garimpo na Amazônia brasileira (por onde começa a narrativa deste livro), de onde, após alguns meses, retorna o menino, vivo e com algum capital que gerará a fonte principal de suas atividades posteriores no território digital, informático e tecnológico.

Dá vontade de dizer: *"Ah, moleque!"* Como é que acabou por dar certo, com tanta chance de dar errado? Como é que esse começo inóspito resultou em êxito no campo empresarial para a geração e oferta de conteúdos, relacionamentos e negócios, em publicações impressas, digitais e eventos?

De novo: *"Ah, moleque"*. Adelson é um dos poucos adultos que conheço a quem podemos afagar com a ideia de "moleque", porque ele tem o gostoso espírito de um desses, inventivo, inquieto, animado e, para completar, tem mesmo uma figura meio moleque, esguia, brincalhona, com risada persistente e ira conveniente.

Isso tudo sem falar da sua obsessão por um certo time que ele insiste em ressaltar ter a *Tríplice Coroa Internacional de Futebol* e que gosta de invocar com "Coringão"; esse é um aumentativo adequado de coringa, corruptela de *curinga,* isto é, alguém que como ele, Adelson, assume múltiplas funções e é capaz de "jogar" em várias posições.

Curiosamente, os termos moleque e curinga se originam provavelmente do quimbundo, um idioma falado mais na Angola do passado, como *muleke* (garoto divertido) e *kuringa* (habilidade inventiva), duas qualidades adelsonianas.

Assim, há muito carinho no uso desse substantivo, moleque, não só por ser elogioso (quando captura a energia saudavelmente inconformada), mas, acima de tudo, por identificar alguém que, moleque ainda, não teve tanto tempo, quando menino, de fazer "molecagens", para poder cuidar da própria vida e da vida de outras pessoas, sem jamais deixar de, molequemente, sonhar com pipas e colocá-las a voar...

Sonhar com pipas e olhar para o céu! Adelson passou, e passa, boa parte da vida olhando para o céu, sem tirar os pés do chão.

Ele veio e vai, conosco, por uma estrada na qual tece mais e mais *hojes* para nos deixar bastantes *ontens*...

Mario Sergio Cortella
Filósofo, professor e escritor

Capítulo 1

90 DIAS NO GARIMPO

Era o ano de 1985. Eu estava a poucos meses de completar meus 18 anos quando parti para Porto Velho, capital do estado de Rondônia, o lugar mais distante em que já havia estado. As fronteiras de territórios remotos do país pareciam uma ligação com outro canto do planeta, um lugar tão longínquo que até a imaginação tem dificuldade de atingir. Ao rompante que já morava dentro do meu peito, juntaram-se outras forças que me moveram para o então inóspito norte do Brasil. Uma delas era Mara, quem eu havia conhecido pouco antes, em minhas viagens para o Paraguai. Éramos sacoleiros. Nela, reconheci uma pessoa valente, doida para ganhar dinheiro e crescer na vida, o que me fez admirá-la imediatamente. Ela disse que estava de partida para o garimpo no Rio Madeira, um lugar de ouro e oportunidades abundantes. Outro estímulo veio de um sonho de consumo. Um dia, a caminho do trabalho, dentro do ônibus lotado, avistei da janela um Escort Xr3 branco, carro esportivo da Ford que foi um ícone daqueles tempos. Fiz um acordo comigo mesmo: "Um dia vou ter um desses".

No sonho do garimpeiro de fazer riqueza e mudar o seu destino, eu também vi uma oportunidade de prosperar, mais do que jamais havia conseguido como catador de ferro velho, feirante, ajudante em um depósito de material de construção ou assistente de banco. Então, comprei 100 relógios, todos à prova d'água, em uma loja da Santa Efigênia. Quando cheguei em casa, abri a torneira do tanque de lavar roupa e joguei todos eles lá dentro. Precisava me certificar de que o produto era bom. Não podia passar por vendedor trapaceiro diante de homens que tinham ouro nas mãos e a determinação de preservá-lo a qualquer custo. Não podia correr o risco de ser agredido ou mesmo morto por um descuido, em uma terra de vaidades e justiça individual.

Foi uma viagem de 50 horas de São Paulo até Porto Velho. Quando o ônibus atravessou Ji-Paraná, cidade a pouco menos de 400 quilômetros ao sul da capital, logo após a fronteira com o Mato Grosso, fiquei impressionado com a quantidade de famílias que por ali chegavam para construir uma nova vida. Apesar do período de desenvolvimento que já despontava na região desde o final da década de 1950, a descoberta do ouro no Rio Madeira[1] atraiu milhares de brasileiros de toda parte do país, provocando um pico de migração. Mas eu só percebi que algo de extraordinário estava acontecendo naquele pedaço desconhecido do Brasil ao avistá-lo. Pequenas comunidades passavam a se instalar no meio da Amazônia, ao longo de estradas de terra quase virgens. Essa sensação só cresceria no trajeto de Porto Velho a Abunã, meu destino final, onde se formou a primeira grande concentração garimpeira à margem direita do Madeira, nas imediações da fronteira entre Brasil e Bolívia.

Mara e uma amiga, que também participou da aventura, traziam uma quantidade enorme de roupas e outros produtos para vender no

---

[1] A bacia do rio Madeira tem uma superfície drenada de 1.420.000 km^2 e abrange três países do continente sul-americano, tendo os seus formadores em território boliviano (51% com os rios Beni, Mamoré e Guaporé) e peruano (7%, com o Madre de Dios). É o terceiro maior rio do país e o principal afluente do rio Amazonas.

garimpo, mas, ao tomar mais conhecimento de como as coisas poderiam ser em Abunã, insisti para que elas permanecessem em Porto Velho e por lá mesmo fizessem seu mercado. Duas mulheres saindo de São Paulo para uma terra selvagem, de homens ambiciosos e em posse de grandes quantidades de ouro? Era melhor que eu seguisse viagem sozinho. Elas concordaram.

O caminho para Abunã cortava a floresta virgem por estradas de terra esburacadas e encharcadas. Durante um dia inteiro de percurso, por aproximadamente 220 quilômetros, tive bastante tempo para pensar em tudo o que poderia dar errado. E se alguém resolvesse me roubar aqui, no meio do nada? E se tentasse me matar? E, ainda que eu chegue a salvo, será que vou encontrar um lugar para dormir? Lembrei-me das viagens para o Paraguai e da sensação de nunca estar seguro, com a diferença de que, agora, eu temia perder não só dinheiro, mas a vida.

*

Era fim de tarde quando, finalmente, saltei em Abunã e assisti ao meu primeiro pôr do sol de dentro da selva. Não existiam casas ou qualquer tipo de construção, apenas algumas palhoças, espécie de cabana rústica coberta de palha, que serviam de abrigo para garimpeiros e comerciantes. Em uma delas, funcionava um boteco, rudimentar como tudo o que aquela comunidade conseguira produzir até então. Perguntei ao dono do estabelecimento, um homem que havia saído do Maranhão para tentar uma nova vida, se poderia amarrar minha rede e passar minha primeira noite ali. Ele logo aceitou meu pedido.

Momentos após a minha chegada, dois homens começaram a discutir, ali mesmo no bar, por um motivo qualquer, até que um fincou uma faca nas vísceras do outro. O sujeito morreu. Não existia posto policial naquela região, embora, na década de 1980, a força militar já tentasse controlar as atividades garimpeiras de perto. O perto, porém, ainda era muito longe e a justiça não passava de um conceito relativo. Ao fim do dia, a confusão tomava conta: era um tal de um pagar bebida para todo o mundo aqui, outro armar um desentendimento ali, defendendo sua honra até a última consequência. Brigas faziam parte do cotidiano e, como logo testemunhei, assassinatos também. Mas a violência no garimpo tinha contornos bem específicos. O problema maior não era o roubo, pois o recurso – o ouro – era abundante e existia uma união que protegia a todos, condenando ladrão à morte. Roubar era inaceitável. O perigo se dava basicamente por disputas territoriais e por desavenças das mais banais, muitas vezes convocadas por mera vaidade. Era uma terra de homens e de poucas famílias, e não raramente se via meninas muito jovens sendo negociadas pelos próprios familiares como mercadoria, para satisfazer os desejos sexuais dos trabalhadores enriquecidos.

Todos os dias os garimpeiros achavam ouro. Em maior ou menor quantidade, ele sempre emergia do fundo do rio.

Rio Madeira, o Rio do ouro no oeste do Brasil", descreveu uma reportagem do Globo Repórter de 1989, quatro anos após eu ter partido do garimpo, sobre as atividades da região, tentando explicar a grandiosidade do fenômeno[2] que ocorria entre as paredes verdes da Amazônia:

---

[2] "A garimpagem nas áreas de fronteira da região amazônica foi o fenômeno que mais contribuiu para o crescimento vertiginoso da exploração do metal no país. Para muitos analistas, o avanço sobre as jazidas minerais esteve atrelado ao crescimento no preço internacional do metal". Fonte: WANDERLEY, Luiz Jardim de Moraes. "Geografia do ouro na Amazônia Brasileira: uma análise a partir da porção meridional". Tese de Doutorado apresentada ao Programa de Pós-Graduação em Geografia, Universidade Federal do Rio de Janeiro, 2015.

> "A riqueza está indo para o fundo desse rio, está mudando a vida da população e acelerando o desenvolvimento do estado de Rondônia, apesar do contrabando do ouro. O garimpo começa perto da cidade de Porto Velho e vai até Abunã, na fronteira com a Bolívia. São 250 quilômetros do Madeira onde mais de 6 mil balsas e dragas se transformam em pequenas cidades flutuantes. Essas concentrações de dragas no meio do rio tem uma definição bem ao estilo dos garimpeiros: fofocas."

Parece pouco tempo para uma transformação tão grande, mas o fato é que, em 1989, a exploração local já estava em movimento de desaceleração, por conta da fiscalização mais rígida, e eu posso notar claramente que a reportagem – o mais antigo registro em imagens que encontrei daqueles tempos – chegou tarde para capturar as cenas mais primitivas do garimpo. Na minha época, poucas eram as dragas, estruturas já mais elaboradas e mecanizadas do que as balsas, estas bem rudimentares. Sem falar que a floresta era praticamente intocada. Ao sinal de "fofoca", prova de sorte dos garimpeiros, as balsas começavam a se aglomerar – 100, 150 delas –, formando quase que uma única plataforma e uma vila provisória, a ponto de ser possível cruzar o Madeira de uma margem a outra sem se molhar, apenas pulando de embarcação em embarcação. Nas margens, uma palhoça ou outra se organizava para tirar proveito do movimento.

O garimpo tinha toda uma dinâmica própria. Cada balsa possuía um ou dois donos, e eles ficavam, dependendo do acerto com os trabalhadores, com 20%, 30% ou 40% do ouro encontrado. Em Abunã, as balsas acolhiam no mínimo cinco trabalhadores e até oito deles, concentrando milhares de pessoas em poucos quilômetros. Sobre elas, havia um motor de caminhão para ativar a sucção e levar para a superfície a esperança do ouro. A esse equipamento, conectava-se uma mangueira e, na ponta dela, uma maraca, espécie de trava a ser fincada no barranco sob as águas do rio. E então vinha o papel do mergulhador que, equipado só de óculos de mergulho, um bocal ligado ao compressor de ar e uma corda amarrada na cintura, lançava-se no rio barrento abaixo para prender a maraca lá no fundo. Permaneciam ligados os dois motores – o de caminhão para dragar o barro para cima e o do compressor para bombear o ar comprimido para o mergulhador. Era uma loucura, pois nem todo fôlego que chegava ao mergulhador era feito de oxigênio. Quando o sistema finalmente entrava em funcionamento, os homens, da superfície, davam um sinal para o mergulhador: três puxadinhas na corda, se não me engano, para avisar que tinha ouro. Sobre a balsa, os garimpeiros aguardavam a chegada do ouro, atentos aos detritos que se enroscavam na esteira, entre água, pedras e outros resíduos lançados para cima.

As disputas territoriais muitas vezes ocorriam debaixo da água. Uma das modalidades de matar era cortar a mangueira de ar do mergulhador enquanto ele estava submerso. Afinal, quem iria ver o que acontecia nas profundezas turvas do rio? Quando ele não morria lá mesmo, tentava retornar à superfície rapidamente e, com isso, sofria problemas de descompressão. Sem falar nas tragédias decorrentes de acidentes do ofício. Certa vez, presenciei um deslizamento de terra, consequência da exploração descontrolada e incessante do mesmo local. A mata densa despencou sobre as balsas amontoadas e soterrou vários garimpeiros.

Havia também uma morte que ninguém via, lenta e silenciosa. O uso do mercúrio era prática comum no garimpo, por facilitar o processo de separação do ouro dos demais resíduos sólidos que são triturados e sugados do fundo do rio. Os garimpeiros misturavam esses materiais com a mão, sem utilização de qualquer aparato de proteção, até que fosse possível isolar o ouro e o metal dos outros sedimentos. Então, aqueciam os dois elementos até obter o mineral em estado líquido e a evaporação do mercúrio. Por fim, descartavam o material excedente e sem utilidade no rio. Diversas pesquisas, desde aquela época, atestaram os riscos de contaminação dessa prática para o meio ambiente e para o trabalhador. Na mesma reportagem do programa Globo Repórter, um pesquisador da região diz:

> "Os estudos mostram que esse mercúrio, alguma coisa em torno de 90 toneladas/ano, está sendo remobilizado e entrando na cadeia alimentar, esse é o principal perigo. A partir da remobilização, passa a ser metilmercúrio,[3] e entra para a cadeia com peixes que se alimentam de outros peixes, que são consumidos pela população. Duas espécies, pelo menos, já mostram índice de contaminação superior ao índice mínimo recomendado pela OMS".

---

[3] Uma das diversas formas químicas assumidas pelo mercúrio na natureza e o mais tóxico, responsável por distúrbios neurológicos e prejuízo a funções visuais e motoras, entre outros danos à saúde. Segundo relatório da Organização Mundial de Saúde, quando inalado, 80% do metal são rapidamente absorvidos pelos tecidos dos pulmões e distribuídos por todo o corpo, cruzando tanto barreiras placentárias quanto cerebrais.

Mas eu não pensei em nada disso naquela primeira noite que passei na floresta, após assistir ao assassinato de um homem. Os ruídos da mata e dos bichos penetraram em meus pensamentos com o poder de hipnotizar. Eu poderia reconhecer aquele lugar apenas pelos sons que ele enuncia: a barulheira infernal dos motores, incessante mesmo após o cair da noite, quando funcionam como geradores; pela manhã, os profusos cantos dos pássaros e, na escuridão, a expressão de uma vida que espera o sol cruzar todo o céu para acontecer.

*

Por três meses, eu vivi no garimpo, a bordo de cidades flutuantes, hostis e passageiras. Praticamente tudo acontecia sobre o rio, dentro ou à beira dele: o trabalho, o banho, a comida e o lazer. Além das balsas para extração de ouro, havia plataformas com posto de gasolina, bares, restaurantes, armazéns e até bordéis; estruturas sempre muito simples, suportando dias de trabalho intenso e noites de efervescência. Pequenas lanchas, conhecidas como voadeiras, levavam as pessoas de um agrupamento para o outro, ao longo de dez, vinte quilômetros de rio. Cheguei a montar uma palhoça na margem, que usei como abrigo por bastante tempo.

Sempre tinha gente sofrendo de malária.[4] Geralmente, o doente enfrentava dias com uma dor desgraçada no corpo, febre e tremedeira. Atendimento à saúde só havia em Porto Velho, mas o sujeito buscava

---

[4] No início da década de 80, 97,5% dos casos de malária registrados no Brasil eram produzidos na região amazônica. A ocupação desordenada da região, a construção de estradas, de usinas hidroelétricas, o desenvolvimento de projetos agropecuários e a instalação de inúmeros garimpos provocaram o incremento considerável da transmissão. Fonte: BARATA, Rita de Cássia B. "Malária no Brasil: Panorama Epidemiológico na última Década". Cad. Saúde Públ., Rio de Janeiro, 11 (1): 128-136, jan/mar, 1995.

essa saída só como último recurso. O povo contava várias histórias sobre a "maleita", diziam que a reincidência a torna ainda mais forte. As pessoas morriam mesmo da doença e eu tive a sorte de nunca ter sido infectado. Sorte mesmo, da mais aleatória e acidental que você possa imaginar. Eu me lembro do arroz cozido com a água avermelhada do rio, parecia até temperado com colorau. Diversas vezes pensei: isso aqui está cheio de mercúrio. No garimpo, não havia lugar para refrigerar o alimento, então, toda refeição tinha mais ou menos a mesma composição: arroz, feijão de corda, farinha e carne seca, além do peixe fresco também provido pelo mesmo rio contaminado. Mas esse era só de vez em quando, pois não dava para parar de trabalhar o tempo todo para pescar. Garimpeiro está atrás de ouro, não de peixe. Mas, novamente, eu não me lembro de ter ficado doente uma única vez, nem uma disenteria.

Com meus relógios na mochila, uma rede e um punhado de roupas, comecei a atravessar as balsas em busca de potenciais compradores, contando para as pessoas o que tinha para vender. Descobri que garimpeiro é um sujeito orgulhoso: ele ganha dinheiro e precisa gastá-lo. Ou melhor, mostrar que pode fazê-lo. Existia um desejo comum de ostentação, só que os homens, no garimpo, pouco tinham a exibir – basicamente, álcool e garotas de programa. Na rotina do garimpo e em seu entorno, vendi os 100 relógios em uma semana, todos pagos em ouro. Então, voltei a Porto Velho, pela mesma estrada castigada por buracos, chuva e lama, para trocar minha recompensa por dinheiro. O que eu não esperava era conseguir uma cotação muito melhor do que a praticada no garimpo.

Eu poderia ter partido naquele momento. Mas havia ali, na mecânica de uma vida primitiva, um negócio ainda melhor do que vender relógios.

A oportunidade de compra e venda de ouro me empurrou de volta a Abunã, desta vez acompanhado de Mara, que, juntamente com a amiga, armou uma palhoça à margem do rio para vender roupas e cozinhar para fora. Eu achava uma maluquice aquelas duas sozinhas no garimpo, expostas a tantas ameaças, mas, depois de pouco tempo ao lado delas, comecei a pensar mais no dinheiro e parti. Durante três meses, mantive em mente a determinação de conquistar minha independência financeira e, ao mesmo tempo, proteger minha vida, como um bicho que, instintivamente, zela por sua sobrevivência.

O risco já começava na negociação: eu tinha que maçaricar o ouro na hora, para provar a pureza da mercadoria. Sempre fui muito simpático e articulado com todo o mundo, para não gerar conflito, e também tomava cuidados básicos, como evitar os locais mais perigosos e as confusões da noite, abordando as pessoas apenas à luz do dia. Havia muita gente como eu, vivendo de negociar ouro, pois todo mundo precisava de dinheiro vivo para vender e comprar os insumos básicos – as viagens de voadeira, o diesel, o alimento. Era preciso saber como fazer: não se comprava um monte de ouro de uma vez, por exemplo, e sim poucas gramas, em picadinho, porque assim era possível conseguir uma melhor cotação, além de correr menos risco. Carregava comigo, para cima e para baixo, uma balança para pesar o ouro e sumia por trás das curvas do Madeira para fazer negócio, procurando grupos de balsas. Assim era a vida no garimpo: nômade, ativa, circulante.

Em minhas andanças, conheci gente de toda a parte, na maioria das regiões Norte e Nordeste, mas do Sudeste também, e chegava a ficar três ou quatro dias concentrado em uma fofoca, até que meu dinheiro ou o ouro daquele trecho se esgotasse, e fosse hora de perseguir outra chance de fortuna. Uma vez que o agrupamento se dispersava, nunca mais você voltava a encontrar aquelas pessoas, o que deve explicar o fato de eu não ter feito amigos. Talvez seja também um dos motivos pelos quais eu mantive minha integridade física, afinal de contas, não fiquei tempo suficiente parado em um único lugar para criar amizades, nem discórdias. Ainda assim, o fato é que não consigo explicar como nada, nada aconteceu comigo. Um dia, bateu a lucidez: como é que ninguém me matou até agora?

Estava em tempo de voltar. Até porque eu tinha cumprido a minha meta: com as idas e vindas entre Abunã e Porto Velho, atrás de melhores cotações para ampliar meus rendimentos, em três meses juntei não só o valor para comprar o carro dos meus sonhos, mas o primeiro grande dinheiro da minha vida. Por isso, sou profundamente grato ao garimpo.

*

Quando voltei para casa, eu já tinha 18 anos. Estava pele e osso, para o espanto de minha mãe, que por todo o tempo que eu estive fora ficou praticamente sem notícias minhas. Às vezes, recebia um recado que eu deixava na vizinha: "estou bem", para não dizer "estou vivo". Naquela mesma noite em que cheguei, minha mãe preparava o jantar quando comentou sobre os preços absurdos do alho. E, assim, uma conversa trivial reverberou como um chamado, me levando a investir parte dos recursos obtidos no garimpo em um novo negócio: a distribuição de alho, aquele do tipo roxo, mais bonito e saboroso do que o produto nacional que a gente encontrava, em abundância, para vender. Eu chegava a buscar a mercadoria na Argentina, que até hoje abastece o mercado nacional, e passei a viver carregando alho nas costas, negociando com ambulantes e feirantes.

Depois que retornamos do garimpo, Mara e eu nos encontramos algumas vezes. No entanto, essa relação foi se apagando conforme as coisas começaram a ficar sérias com Cássia. Então, tomei a decisão de me afastar por definitivo. Não porque Mara representasse alguma ameaça ao futuro que eu vislumbrava com a mulher com quem viria me casar, mas nós já havíamos cumprido uma função importante na vida um do outro. Acho graça quando Cássia e minha mãe se entreolham em sinal de desaprovação debochada ao relembrarem aquela época e os breves aparecimentos de Mara no Parque São Rafael. Como um ciúme bobo de um passado inocente e que, depois de tanto tempo, ficou pequeno. A verdade é que uma amizade sincera e intensa nos unia e, ao reconhecermos no olhar do outro a ambição de vencer na vida, nos ajudamos mutuamente. E se hoje eu posso falar sobre aquele moleque que se meteu no meio da Amazônia e fez parte de um episódio excepcional da história desse país, influenciando o seu destino de forma contundente, isso eu devo a Mara.

Em Abunã, o povo contava histórias incríveis de gente que conseguira acumular riqueza e partir. Mais de uma vez, soube de garimpeiro que teria comprado um avião e, pouco tempo depois, morrido em acidente, ao tentar pilotá-lo. Mas posso dizer que a maioria das pessoas perdeu tudo o que conseguiu, em geral sem sair do Madeira. Lá eu conheci o ser humano em estado bruto, sem qualquer lapidação cultural e educacional, um bicho que não pode se distrair com diversão e se mantém continuamente em estado de alerta e apreensão. Aprendi a dialogar e negociar em ambientes hostis, e também a ser digno de confiança para pessoas que tinham tanto a perder. As pessoas tinham um sonho. Estavam ali a batalhar por sua autossuficiência e, quem sabe, uma hora, acertar e achar muito ouro. Quando parti, não tinha caso algum para contar de gente que vingou. Mas, na falta de exemplos, eu estava decidido a ser o primeiro.

A corrida pelo ouro na Amazônia

- Durante uma década, o garimpo de ouro ocupou um milhão de garimpeiros e foi o principal consumidor de motores a diesel e de popa do país.

- O garimpo do ouro concentrou-se nos rios Madeira e Tapajós e produziu cerca de 100 toneladas anuais de ouro, liberando quantidades equivalentes de mercúrio em solos, águas e atmosfera, além de causar assoreamento de rios e desmatamento.

- A quantidade de ouro extraída na Amazônia nos anos 1980 foi muito grande quando comparada à década anterior. Em 1971, foi de 5,1 toneladas por ano; já em 1989, a produção brasileira foi de 130 toneladas.

- A garimpagem nas áreas de fronteira da região amazônica foi o fenômeno que mais contribuiu para o crescimento vertiginoso da exploração do metal no país. Para muitos analistas, o avanço sobre as jazidas minerais esteve atrelado ao aumento no preço internacional do metal.

- Em plena crise inflacionária, a economia do garimpo foi regida pelo ouro. Os estabelecimentos não tinham caixa registradora, mas sim balanças de precisão. Uma cerveja ou um maço de cigarros, por exemplo, valia um grama de ouro. Um programa, dois gramas, e assim por diante.[5]

---

[5] GUIMARÃES, Jean Remy Davée. "Sobre mineração e sustentabilidade". In: Revista Ciência Hoje. 27 jul. 2012. Disponível em: http://www.cienciahoje.org.br/noticia/v/ler/id/2873/n/sobre_mineracao_e_sustentabilidade/Post_page/7. Acesso em: 21/4/2017.

- Após a década de euforia e enriquecimento, Abunã voltou a ser um lugarejo inexpressivo. Em 1995, os garimpos do Madeira já estavam em plena fase de esgotamento.[6]

---

[6] LEONARDI, Victor Paes de Barros. "Fronteiras amazônicas do Brasil – Saúde e História Social". Brasília: Paralelo 15 Editores, 2000, pp. 145-146.

Capítulo 2

CONECTANDO OS PONTOS

Como menino acostumado a viver na periferia de São Paulo, Adelson já imaginava os perigos aos quais estaria exposto ao se aventurar por um Brasil distante e selvagem. Nada conseguia, porém, separá-lo de uma ideia em que acreditasse e de uma decisão tomada, nem mesmo os apelos de Dona Teresa, sua mãe. Não é que ele quisesse bancar o rebelde e desdenhar de conselhos, como um adolescente que precisa provar ao mundo que controla seus próprios passos. Mas, se os avisos de fora confrontassem as vozes que vinham de dentro, ele não tinha dúvidas sobre a qual deveria dar mais ouvidos.

> ❛ Meu Deus do céu, como a gente sofria com o Adelson. Porque desde muito cedo ele... ele queria ter o dinheiro dele... ele sempre pensou em progredir na vida, em qualquer coisa. Ele sempre foi... diferente. ❜

"Muito cedo" não é só modo de dizer. Exímia contadora de histórias, Dona Teresa examina a memória dos tempos em que a família vivia no interior de São Paulo, nos arredores de Álvares Machado, onde Adelson nasceu, e Regente Feijó, onde viveu parte de sua infância. Ela relembra quando o filho ganhou um cabrito, que logo cresceu e se tornou um bode de chifre. Certo dia, um vizinho, Seu João Constâncio, aproximou-se do bicho e imediatamente recebeu um aviso do menino:

— Cuidado! Não vai encostar no meu bode que ele vai te dar uma ferrada!

Todos acharam graça. O vizinho, então, continuou a puxar conversa:

— Mas pra que você quer esse bode?
— Ah, é pra *mim* fazer negócio – Adelson respondeu.
— Mas você vai fazer negócio como? – o vizinho insistiu.
— Ah, é pra *mim* fazer negócio!

Adelson tinha três anos.

❝ Foi engraçado ele falando aquilo lá, naquela idade. Mas era uma coisa dele, sabe? ❞

*

Resgatar uma história de vida é conectar os pontos, procurar motivações e sentido em escolhas aparentemente isoladas e, por fim, posicionar-se a distância dos fatos para interpretar, de uma perspectiva externa, a sequência de ações e reações que criaram o momento presente. O que essa história quer dizer? Que diferença ela faz? Essas são perguntas recorrentes a quem conta uma história.

Como biógrafa, a minha sorte foi que Adelson sempre esteve disposto a destrancar o passado e a receber as memórias perdidas com responsabilidade e gratidão. Além disso, em uma história feita, em grande parte, de decisões impulsivas, riscos anunciados e efeitos imprevisíveis, existe uma coerência, um certo padrão entre escolhas e momentos distintos, determinado pelo inconsciente do protagonista. É como se houvesse um fio condutor da própria vida, conectando todos os fatos a uma mesma origem. Não que isso abrande a responsabilidade de narrar uma complexa sequência de acontecimentos. Mas, por outro lado, cria uma carga de significado.

Ao mesmo tempo, a história de vida de Adelson se revelou uma matéria-prima preciosa, que deveria ser extraída e polida com destreza. O que eu faço com tudo isso? Foi o que me perguntei diversas vezes até conseguir produzir uma linha desta obra, dois anos após o início do processo de imersão na história.

Em meados de 2016, já havíamos reconstruído alguns episódios e pontos de virada, mas foi a partir da primeira conversa com Dona Teresa que constatamos: precisamos retornar a Álvares Machado, onde ele havia nascido, e ao berço que ajudou a moldar aquele menino movido por uma inquietude congênita, desejo e energia.

O pensador e psicólogo Jean Piaget disse que "a infância é o tempo de maior criatividade na vida de um ser humano". No caso de Adelson, o modo de vida no campo parece ter ampliado esse potencial, ao permitir a vida sem grandes delimitações. Durante três dias de viagem e de retorno ao passado, ele reencontrou personagens importantes de sua infância, entre eles o tio Hélio, casado com Cida, irmã de Dona Teresa. De pele clara e olhos de tom azul celeste, ele denuncia a descendência italiana e, ao carregar um velho facão de meio metro nas mãos, como se fosse uma extensão do próprio braço, preserva a tradição de sua estirpe – imigrantes que chegaram à região no início do século XX e que se estabeleceram como pequenos agricultores. Tio Hélio dedicou toda a vida à roça e à sobrevivência da família.

Nos arredores de seu terreno, ele nos guia por uma caminhada de quase uma hora até uma cachoeira. Lá, Adelson e ele sentam-se um ao lado do outro, debaixo da sombra de um majestoso bambuzal com troncos numerosos, largos e rígidos como pedra. O sobrinho explica ao senhor de quase 70 anos como ocorrem os terremotos, comparando o solo que acompanha a queda d'água, feito de rocha e camadas desniveladas, com a disposição das placas tectônicas do planeta.

— Essas placas se chocam umas com as outras, tio, e é isso que faz a terra tremer – ele conta.

Não foi a única vez em que trocaram conhecimentos adquiridos em suas vidas, ainda que tenham tomado rumos tão distintos.

No caminho de volta à casa, onde as mulheres preparavam o almoço, cruzamos com uma plantação de berinjela. Adelson pulou a cerca com facilidade, como quem já conhece a mecânica do movimento e os cuidados para não se arranhar. Não podia perder a oportunidade de levar alguns frutos maduros para engordar a mesa.

Sabemos que, quando pequenos e ingênuos, cabe a nossos pais fabricar em nós os parâmetros sociais do que é aceitável ou incabível, do que nos causará benefício ou sofrimento e, eventualmente, do que estamos aptos ou não a fazer, seja por limitações éticas, econômicas e intelectuais, ou ainda para preservação de nossa integridade física. Dona Teresa tentou alertá-lo por tantas vezes que não dá nem para contar:

— Adelson, cuidado pelo amor de Deus!

O aviso veio em contextos dos mais variados, mas não evitou algumas fraturas – foram três no braço esquerdo e duas no direito. Uma delas é recordação das travessuras com Ailton, o irmão mais velho, que certa vez o colocou em cima de uma carroça carregada de sacos de amendoim e, então, chutou a mula que a puxava. Adelson rolou de lá de cima até o chão. Em outra ocasião, havia acabado de retirar o gesso quando resolveu jogar bola com os amigos na escola. Menos de uma hora depois de ter voltado do hospital, com a fratura recuperada, quebrou o braço novamente.

Os alertas continuaram depois de crescido e não vinham mais apenas da mãe, mas também de sua companheira, Cássia, com quem está casado há quase trinta anos. Ambas tentaram dissuadi-lo da ideia de atirar-se a uma viagem suspeita. Cássia sentiu um desconforto no coração, uma aflição aparentemente sem razão, ao tomar conhecimento do plano do rapaz. Mas todos os pedidos para que ele reconsiderasse a decisão foram em vão. E então, na rota entre as cidades de Ivinhema a Naviraí, território, ainda hoje, hostil, no sul do Mato Grosso do Sul, Adelson se tornou alvo de um assassino. Um traidor. Antes que pudesse se defender, sentiu o sangue irromper de um corte profundo no pescoço e começar a esvaziar a sua porção de vida.

Mais do que clamar pela sobrevivência, ele foi impulsionado à ação e a uma sequência de decisões urgentes que o colocaram em mínima, porém suficiente, posição de vantagem. O psicólogo e autor americano Timothy D. Wilson, conhecido por suas pesquisas nos campos do autoconhecimento e do processamento inconsciente, escreveu que "a mente opera mais eficientemente ao relegar uma grande quantidade de pensamento de alto nível, sofisticado, ao inconsciente, assim como um moderno avião é capaz de voar no piloto automático com pouca ou nenhuma ação do humano, do piloto 'consciente'. O inconsciente adaptativo faz um excelente trabalho em avaliar o mundo, alertar as pessoas para o perigo, estabelecer objetivos e iniciar ação de uma maneira efetiva e sofisticada".[7] O que essa teoria tenta nos dizer, a exemplo das leituras de Wilson, é que, antes dos padrões impressos em nós por fatores externos e que ditam o raciocínio lógico, existe uma inteligência natural, um mecanismo complexo e refinado que, quando acionado, nos eleva a uma condição acima da normalidade. No caso do confronto de Adelson com a morte, o despertamento desse poder interno parece ter estendido a sua capacidade de resistir, ao ponto de causar espantamento da equipe de enfermeiros e médicos que o socorreram: "mas como é que esse menino está vivo?".

*

Revisitar os marcos da primeira fase da vida de Adelson, como ele mesmo define o período que vai da infância à faixa dos 30 anos, é ver-se diante de questionamentos...

Como fez tudo isso?

Como escapou de tantos riscos?

Como chegou até aqui?

De catador de ferro velho a sacoleiro no Paraguai, de comerciante no garimpo do Rio Madeira a distribuidor de alho, e de integrador de PCs a fundador da editora que traria ao Brasil a revista de tecnologia de maior prestígio no mundo, a *Byte*, ele não hesitou em recomeçar, quantas vezes desejasse, ao avistar uma oportunidade. De alguma forma, a ingenuidade do empreendedor que acolhe uma ideia sem ressalvas, planejamento e estudo de cenários favoreceu-o em diversos momentos, colocando uma cortina preta sobre o que poderia dar errado e liberando o caminho à frente. Teve o bônus da inocência.

---

[7] Wilson, Timothy D. *Strangers to Ourselves: Discovering the Adaptive Unconscious*, 2002 (sem edição em português).

Alguns podem entender que Adelson teve um pouco de sorte: não foi morto no garimpo, mas simplesmente escapou da probabilidade; não faliu, mesmo depois de ter esgotado seus recursos com investimentos de altíssimos riscos, mas isso poderia ter acontecido; quando pensou que tivesse arruinado seu casamento, não foi vencido pela melancolia e a inércia, mas foi por muito pouco; e, à beira da morte, fez escolhas assertivas, mas, ao mesmo tempo, forças externas atuaram ao seu favor – no caso, foi salvo por um rio e, ainda, por um missionário de Deus. É como se a natureza ativasse um sistema que atua em proteção de seus exemplares mais fortes, aqueles que carregam o impulso de criação e preservação da vida, uma energia ígnea que desperta ação, poder e consciência, uma chama que acende dentro de nós e envia a mensagem: "Ei, eu estou aqui, fazendo a minha parte".

Seja o que houver por trás dessa série de ocorrências de quase perda ou de quase morte, o certo é que elas não passaram desapercebidas. Por sinal, gravaram memórias e medos que continuaram a acompanhá-lo por uma fase já de mais maturidade empresarial e de ponderação. Essa jornada tem como marco inicial a bem-sucedida venda da revista *Byte* para a editora Globo e, na sequência, a fundação da IT Mídia, em 1997. A partir daquele momento, Adelson e o sócio, Miguel Petrilli, decidiram que não mais viveriam de momento presente, de casualidade e de emergências.

Adelson precisou enfrentar o dilema entre se manter leal à sua natureza ou se tornar o que precisava ser: um empresário mais cauteloso, que mede as consequências e faz uso do pensamento lógico para tomar decisões. Havia também, uma questão de saúde: ele já sentia os efeitos colaterais resultantes do modo de vida que levara até então. Dor nas costas era um deles. Ele sofria visivelmente com ela quando tivemos um dos primeiros encontros para resgate de suas memórias, em meados de 2015. A IT Mídia vinha de um período difícil e de incertezas latentes, e a sensação era de cansaço e fragilidade. Nessa ocasião, ele falou sobre o início das sessões de coaching com a psicóloga Rosana Romão, uma tentativa de encontrar, no primeiro momento, uma solução para as dores no corpo que o atingiam e para o abalo emocional, tratado por antidepressivos e outras medicações. Logo, o trabalho se transformou na busca, enfim, de um ponto de equilíbrio.

Adelson desdobrou uma folha de papel e mostrou nela o desenho de um pentagrama ainda em construção. A figura, recurso usado na metodologia de trabalho aplicada pela terapeuta, revelava como fraqueza um profundo sentimento de insegurança, o medo de perder o que havia conquistado e de regressar às origens. Uma angústia que o privava de desfrutar da estabilidade.

Dra. Rosana é uma das especialistas do coaching holístico desenvolvido pelo Dr. Jou Eel Jia, uma ferramenta de desenvolvimento pessoal baseada na medicina tradicional chinesa e na neurociência. Ela consulta suas anotações para confirmar a memória de sua primeira sessão com Adelson, que apresentou a ela, na ocasião, uma grande apreensão em relação à sua saúde e às oscilações com as quais vinha lidando ao longo de sua trajetória profissional e pessoal:

❝ A dor é sempre um recado, como se essa psique estivesse dizendo: 'existe algo aqui que você precisa ver'. Existia uma questão fisiológica, mas que era quase um reflexo da dor emocional, como se ela tomasse o corpo e pudesse se refletir no sentido de chamar a atenção dele. ❞

De desbravador do mundo, Adelson começava a se voltar para dentro, em um processo longo e doloroso de descoberta de seu universo interior. Dra. Rosana não se surpreendeu ao encontrar um paciente com o registro de inúmeras vitórias e, ao mesmo tempo, vulnerabilidades essencialmente humanas:

❝ Recebo muitas pessoas que têm bons resultados e conquistas impecáveis, mas elas podem não se sentir assim. Se eu fosse considerar uma palavra para Adelson, talvez eu pensasse em ousadia, que pode ser uma grande qualidade, mas também um imenso desafio, pois pode levar a ações impulsivas e produzir situações complicadas. Se quisermos romantizar e olhar só para o resultado final, fica muito fácil. ❞

Se tudo tem um preço, Adelson pagou o seu. Mas não foi só isso. Na travessia para seus 50 anos, completados em 2017, ele também fez as pazes com o seu passado e com experiências que instauraram nele uma necessidade desgastante e inconsciente de provar que está muito vivo. De confirmar que é um sobrevivente. Como uma obsessão que o fez sentir, aparentemente, um homem de brio ao descrever sua sina à Dra. Rosana:

— Sou golpeado, mas não sou derrotado.

Ele aprendeu com a dor, mas não foi só isso. Também houve aprendizado pelo amor. E como existe amor na história desse empreendedor, que tem como fortalezas duas das maiores dificuldades do homem moderno: experimentar o momento presente e permitir que a própria essência se materialize em sonhos. Como disse Sigmund Freud, "ao tomar uma decisão de menor importância, eu sempre achei vantajoso considerar os prós e contras. Porém, em assuntos vitais, como a escolha de um parceiro ou de uma profissão, a decisão deve vir do inconsciente, de algum lugar dentro de nós".

Adelson teve a coragem de ir ao encontro do que precisava ser encontrado. Regressou desse mergulho em águas profundas para se tornar um líder melhor. Um exemplo e mentor para pessoas que, assim como ele o fez, desejam ser protagonistas em seus universos.

Capítulo 3

DEBAIXO DE UM PÉ DE MANGA: SEGURANÇA, CONEXÃO E LIBERDADE

Álvares Machado, abril de 2016

— Era ali! Próximo daquelas *árvore* – aponta Dona Teresa, fazendo o "erre" do meio da palavra valer por três ou quatro, do jeitinho que se fala por essas terras, no interior do estado de São Paulo.

— Tinha muita gente por aqui antes, hein? Hoje tá deserto – diz Adelson.
— Aqui *tinha* quatro, cinco *família*… Ali, *tinha* mais duas – relembra tio Hélio.

Dona Teresa volta no tempo:

— Adelson, lembra aquela vez que *oceis* vieram da escola e pegaram acho que foi pera, abacaxi... Você lembra? A japonesa foi lá em casa reclamar e *nóis sabia* que tinha sido *oceis*.

Adelson faz sinal positivo, embora lento e pouco convicto, com a cabeça, como quem se recorda muito vagamente da história. Ele entende o que a mãe está querendo dizer e vai direto ao ponto:

— Foi boa demais essa época, viu.

Nesse momento, nos aproximamos da área onde costumava ser o sítio de Chico Vito, avô paterno de Adelson, um dos lugares onde, quando criança, mais gostava de brincar. Agora, é uma área descampada e desgastada pela criação de gado. Do mato seco, sobem árvores dispersas. Adelson escolhe o mais bonito pé de manga, com raízes largas que se arrastam pelo solo e formam bancos naturais sob uma densa e extensa sombra. Todos se abrigam sob a copa, que tem uns 15 a 20 metros e recria o aconchego de um lar, fresco e energizante. De calça jeans e sapatos de couro, ele sobe na árvore. Para Dona Teresa, não importa se o filho crescido já não é mais a criança que vivia pendurada por aqueles galhos e precisava de sua vigilância constante:

— Cuidado-pelo-amor-de-Deus. Você está de sapato!

Quanta memória conseguimos carregar de um tempo em que nos falta consciência e entendimento sobre tanta coisa? A princípio, pouca. Mas, então, percebemos que as influências inscritas em nós também são registros fiéis dessas experiências. Adelson passou os cinco primeiros anos de vida no campo, ou na roça, como todos ali costumam dizer. E ele adorava o pé de manga, conta Dona Teresa. Certa vez, despencou de lá de cima, bateu a cabeça no solo e desmaiou. A mãe correu com o menino para o hospital, mas felizmente não foi nada grave. Dois meses depois, ele caiu de novo e precisou imobilizar o braço – mais uma história para a coleção de fraturas. O marasmo durou poucas horas, quando a mãe se deu conta, lá estava o moleque dentro do riacho, mergulhando de corpo inteiro na água e balançando o braço com o gesso amolecido, desmanchado. O trabalho recomeçou do zero: conversa, leva para o hospital, engessa, conversa de novo...

Para uma criança nascida e criada no interior de São Paulo, no fim da década de 1960 e começo de 1970, o único perigo verdadeiro era o de desafiar a natureza. Como o dia em que Dona Teresa percebeu um movimento estranho de Adelson e o irmão Ailton, que corriam de um lado para o outro com um pedaço de pau e barro nas mãos. Perguntou o que estava acontecendo e eles responderam: "a toba, mãe, a toba".

A toba? Ela foi atrás. Descobriu que os meninos brincavam de importunar uma cobra passando lama sobre ela. O animal, todo sujo, estava pronto para dar o bote.

Não foram só as serpentes que sofreram com as estripulias da dupla. Onde eles sabiam que havia uma colmeia, iam derrubá-la. Ailton vivia inchado de picada de abelhas, mas Dona Teresa jura que elas não pegavam Adelson.

*

Teresa Aparecida Bertacco de Sousa, em seu nome de casada, nasceu em uma colônia de italianos em Alfredo Marcondes, município hoje com pouco mais de 4 mil habitantes, na região de Presidente Prudente. Quando chegou ao Brasil, nos anos de 1920, o bisavô de Adelson, juntamente com outros conterrâneos, se instalou inicialmente na cidade de Araraquara, até que as famílias começaram a se deslocar também para os arredores de Prudente. A histórica Estrada de Ferro Sorocabana expandia-se naquele momento para pequenos povoados,[8] e os italianos que tinham melhores condições financeiras ajudaram os menos abastados a comprar áreas rurais para viver e plantar. Foi após casar-se com Valdevino que ela se mudou para Álvares Machado.

A onda migratória no Brasil do século XX

- Cerca de 7 milhões de italianos deixaram seu país entre 1860 e 1920, segundo o Instituto Brasileiro de Geografia e Estatística (IBGE).
- Assim como ocorreu com a maioria dos imigrantes, os italianos abandonaram a pátria mãe por motivos econômicos e socioculturais. A população, especialmente a que vivia no campo, tinha dificuldades para sobreviver.
- O Estado de São Paulo foi o destino dos maiores contingentes de italianos, sobretudo nas zonas cafeicultoras em expansão. Entre 1888 e 1914, 44,7% da imigração total do Estado era representada pelos italianos.
- O Memorial do Imigrante, em São Paulo, registra que, de 1870 a 1913, quase 1,3 milhão de italianos chegaram ao Brasil.
- As fazendas de café de São Paulo estavam entre os principais destinos desses imigrantes. Os que se tornaram colonos ou empregados das fazendas trabalhavam sob condições

---

[8] Em 1919, foram inauguradas as estações de Presidente Prudente e Álvares Machado.

> muito duras, com pouca oportunidade de acumular algum capital.[9]
> - Em Araraquara, existiram duas associações que congregavam, por um lado, italianos oriundos do Norte da Itália e, por outro, italianos do Sul. Essas associações foram criadas para a defesa dos interesses comuns da colônia italiana, conservando um sentimento ligado ao seu local de nascimento. Caracterizavam-se como associações de socorro mútuo e de beneficência (...)[10]

Desde muito cedo, todo mundo trabalhava na lavoura, diz Dona Teresa, porque dela provinha o recurso financeiro para comprar o que não nascia da terra: médico, material escolar para as crianças, transporte, roupa, calçado e outras necessidades básicas. Na época, o forte para a venda era o café e o algodão, mas, em Álvares Machado, todos cultivavam, em especial, o amendoim. Carretas carregadas de sacos do produto partiam da cidade para Presidente Prudente e Regente Feijó, em direção às fábricas de óleo. Plantava-se também feijão, milho, arroz, mandioca, batata, verduras e frutas. Toda a família tinha de produzir o alimento "para o gasto" – o consumo próprio – do ano. Fazia-se as contas e o excedente da colheita era colocado à venda para a vizinhança por um preço bem reduzido, porque todos, afinal, tinham fartura e pouco precisavam comprar uns dos outros. Uma recompensa por tanto suor derramado sobre o solo, em uma época em que não havia irrigação. Alguns pequenos agricultores dispunham de um trator para ajudar no preparo da terra, mas, para muitos, poucos recursos atenuavam a quan-

---

[9] Fonte: IBGE. Disponível em: http://brasil500anos.ibge.gov.br/territorio-brasileiro-e-povoamento/italianos/regioes-de-destino.html

[10] Teixeira, Rosane Siqueira. Imigrantes italianos e a Società Italiani Uniti: algumas considerações preliminares. *História Unisinos*. Vol. 11, n. 1, jan-abr 2007, p. 61.

tidade de esforço empregado para fazer o sustento da família. A maioria usava apenas um arado manual com tração animal. Dona Teresa tem a lembrança das belas carreiras de girassol que costumava plantar e de que, assim como a flor que acompanha o sol, ela, os pais e os irmãos levantavam-se na madrugada para cuidar do plantio e não retornavam para casa enquanto houvesse dia. Depois que se casou, passou a ir um pouco menos, mais em época de colheita. Já com Adelson, Ailton e Eliana nos braços, frequentemente levava as crianças consigo, forrava o chão com um pano e dava a elas alguns brinquedos improvisados. Um deles era feito de sabugo – debulhava-se o milho e deixava-se os fios e a palha imitando os cabelos de uma boneca. Já o carrinho era um pedaço de madeira, com uma rodinha fixada a ela e, ainda, um barbante para puxá-lo. A mãe dizia: "olha, vocês vão ficar aqui". Ou, então, deixava os meninos no terreno de casa e, de vez em quando, voltava para conferir se estava tudo em seu lugar.

> ❝ Foi assim que todo o mundo educou os filhos naquela época. As crianças que nascem na roça são *diferente...* Desde pequeno, já põe mais responsabilidade. A vida era difícil, e Adelson deve ter visto esse esforço. ❞

Pergunto se, alguma vez, faltou comida na mesa.

> ❝ Nunca, nunca, graças ao bom Deus, ainda mais a gente que é descendente de italiano... Todo sábado era dia de fazer o pão no forno, e já fazia pra semana inteira. Saía aqueles pãozão, receita de italiano mesmo, não era com fermento comprado. Fazia

também bolacha, rosquinhas. Fruta, o que tinha, era da época: muita manga, banana, laranja para todo o lado. E o que tinha de verdura e legume ali! Beterraba, cenoura, alface, mandioca, cebolinha..."

Na virada da década de 1970, os pequenos agricultores do interior de São Paulo resistiam não apenas ao desgaste dos músculos e das articulações e à exposição da pele ao sol, mas a um inimigo ardiloso: os bancos. A oferta de empréstimos viabilizou aos produtores a ampliação de seus alqueires e, consequentemente, das safras, só que a uma contrapartida indigesta, que muitos, seduzidos pela possibilidade de crescer, não enxergaram. Os acordos estabeleciam a quitação das dívidas em períodos mais curtos do que o ciclo de plantação, colheita e comercialização, além de exigirem a escritura da propriedade como garantia do compromisso assumido. Em anos ruins, fosse por muita chuva ou por muito sol, o mau tempo condenava as lavouras e a boa intenção de qualquer um. Com medo de perder a sua propriedade, o devedor ia ao banco negociar o pagamento, submetendo-se a juros exorbitantes e, no pior dos casos, a uma última e radical saída: a venda do próprio sítio. Antônio e Chico Vitto, avós de Adelson, não tiveram outra opção. Eles haviam cedido parte de seus sítios para Teresa e Valdevino plantarem, mas, com a situação desfavorável, o casal acabou trabalhando durante um ano em terras arrendadas. Parte da família de Valdevino já havia se mudado para a cidade e conseguido emprego sem dificuldade nas indústrias locais e, logo, as notícias chegaram. Diziam que era hora de partir. Que as máquinas e as chaminés proveriam trabalho, renda e progresso.

*

— Tudo o que esse cara não conseguiu, eu vou conseguir.

Assim Adelson prometeu quando Antônio, seu avô materno, faleceu, já por volta dos anos 2000. No velório, não queria que ninguém chorasse. Desejava selar, com a alegria dos velhos tempos, a passagem daquele homem que tanto havia interferido nos rumos da família. Ao se despedir, reconheceu e agradeceu a um dos grandes responsáveis pela sólida educação e base familiar do grupo, o que permitiu a formação de pessoas direitas e honestas, de gente com caráter. E não foi apenas gratidão que aflorou em seu peito. Estava determinado a honrar a imagem do avô, um sujeito também visionário e empreendedor, segundo o neto, mas que, por sua própria condição social, não teve sorte para alcançar o que sonhou.

"O avô que Adelson adorava", assim define Dona Teresa. Tapeceiro, levado, contador de histórias e um parceiro leal. Ela conta que, após um parto difícil do primeiro filho, Ailton, e antes de dar a luz a Adelson, vivenciou uma gravidez complicada. O bebê nasceu de cesárea com oito meses e, depois de três dias, não resistiu. Durante a cirurgia, ela percebeu-se desacordada, mas, ao mesmo tempo, ouvindo tudo o que o médico falava: "vamos tentar salvar a criança". É como se assistisse, de fora do corpo, a tudo o que acontecia, ela descreve:

— Parece que o espírito vê as coisas do alto, assim de mais ou menos um metro acima. Quando está perto de morrer, é assim que acontece. Você também sentiu isso, Adelson?

Ele não respondeu.

Dona Teresa ficou três dias sem enxergar. Homem de fé e religião, Antônio foi visto, tempos depois, caminhando descalço na procissão, dizem que para cumprir a promessa que fizera para a plena recuperação da filha. A história é que, no terceiro dia de cegueira, o pai pegou uma toalha e a balançou no ar diante dos olhos da filha. E ela enxergou novamente.

Antônio caiu de joelhos no chão, ao lado da cama.

Adelson diz que, até então, Dona Teresa nunca havia narrado essa história, ao menos não com tantos detalhes, para os filhos.

Se o acordo com Deus de fato ocorreu e foi consagrado, deve ter facilitado também a chegada de Adelson. Em função do histórico de Dona Teresa, a comadre e parteira Ana buscou na região uma mulher mais experiente, que já havia trabalhado como enfermeira, para realizar o parto do terceiro filho. Mas ele tinha pressa para ver a novidade e facilitou as coisas para a mãe – com apenas dois ou três empurrões, ele nasceu.

Ao que parece, avô e neto tinham em comum certo desprendimento das regras, como cúmplices e companheiros em pequenos momentos de liberdade e prazer. Adelson vivia com a família na zona leste de São Paulo quando ele e o "vô" Antônio decidiram viajar juntos para Presidente Prudente. Já que o senhor não dirigia bem, o jovem, que ainda não tinha seus 18 anos, deveria guiar o carro, embora tivesse pouca habilidade e experiência como motorista. Na estrada, foram parados em uma fiscalização da polícia e tiveram que convencer o guarda de que o velho não se sentia bem e, por isso, o menino estava ao volante. Não tiveram tempo de combinar o plano, mas Antônio deu um jeito de envolver o policial na história e deixá-los seguir viagem, com uma condição: que o adolescente deixasse o banco do motorista. O avô saiu de lá dirigindo e agradecendo o homem da lei pela compreensão. Poucos metros à frente, entregou o veículo, novamente, nas mãos do neto. Como se divertiram naquele dia.

Em outra ocasião, Adelson queria de qualquer maneira visitar o avô, que morava em outro bairro da capital, mas não tinha dinheiro para pagar a passagem do ônibus. Um problema que jamais existiria no interior, quando todos os desejos eram realizados a pé e sem adultos ditando limites, o tempo todo, de onde e quando ir. Entrou no ônibus sem um tostão no bolso, mas agora tinha um plano: sensibilizar o cobrador e viajar de graça. Só que a insegurança bateu e, na hora de colocar a ideia em prática, ficou com medo de abordar o homem, algo natural para uma criança de 10 ou 11 anos de idade. Então, para evitar a catraca, manteve-se no fundo do ônibus, próximo à porta de entrada dos passageiros. Assim, quando o veículo parasse para receber mais gente, desembarcaria por lá também. Só que, ao fazer isso, levou um tombo e quebrou o braço. De novo.

Adelson tem gravada na memória a imagem do avô preferido sempre muito alegre, sentado em uma cadeira contando histórias das mais diversas. Entre elas, casos de família que veio a resgatar somente com o retorno a Álvares Machado, em um compromisso pessoal firmado com este relato biográfico.

Como as coisas mudaram tanto?

O que existe do passado nas escolhas feitas no presente?

Quantas renúncias mal resolvidas mantemos dentro de nós?

Antônio não acompanhou o neto de perto quando ele se tornou um empresário, encontrou a si mesmo no negócio de comunicação e já havia, até então, conquistado parte de seu patrimônio. Adelson, mesmo, não o envolveu, principalmente depois de se casar e começar a constituir o seu próprio núcleo familiar. Em uma família de 13 tios, só da parte de mãe, e 17 de pai – dizem que, desses últimos, apenas 15 vingaram, outros faleceram quando ainda eram crianças –, reunir todo o mundo é um desafio preguiçoso. E quando você se dá conta, o tempo passou. Um afastamento natural que, se pensarmos muito sobre ele, acaba pesando no coração, como sensação de dúvida e dívida. "Será que eu deveria ter feito mais? Aproveitado mais? Compartilhado mais?". Questionamentos que, às vezes, entristecem Adelson. Mas só até se recordar ou tomar conhecimento de um episódio feliz. Especialmente, se envolver o avô Antônio.

*

Durante todo o trajeto até Presidente Prudente, desde a partida em Aldeia da Serra, Dona Teresa segura um terço de madeira na mão e pede ao filho para dirigir mais devagar. Adelson precisou insistir muito para que a mãe acompanhasse a ele e Cássia na jornada a Álvares Machado e aos locais de sua infância.

— Está vendo como é bom sair? Tem que passear, mãe! – ele diz.

Fizemos uma pausa em Santa Cruz do Rio Pardo, em um posto de estrada que ocupa a antiga área da estação de trem da cidade e que funciona, hoje, como um museu, recriando os tempos áureos da Sorocabana. Dona Teresa se encanta com uma locomotiva restaurada e aberta aos visitantes, igualzinha àquelas em que costumava viajar quando menina. Adelson pede para que ela se sente em um dos bancos de madeira do vagão para tirar uma foto.

Mãe e filho validam, o tempo inteiro, a memória um do outro, como testemunhas de que as recordações, um dia, foram fatos: "você se lembra disso?". A cada local revisitado, Adelson, com a ajuda dela, vai reencontrando pedaços de si mesmo. Foi o que ocorreu, por exemplo, quando se deparou com Regente Feijó, cidade que, até então, não ocupava um lugar expressivo em seu passado, mas para onde Dona Teresa costumava levar as crianças para passear, em uma caminhada de quase uma hora desde o sítio onde viviam. Adelson fixa o olhar na área em frente à igreja e, então, enxerga a imagem da bexiga de gás que o pai comprara para ele e para o irmão Ailton, quando pequenos, e que, por um descuido, deixaram escapar. Quanta frustração... do tipo que perdura por décadas e, mesmo depois de tanto tempo, aciona o gatilho de uma memória oculta. Ele reconhece também a belíssima fonte no centro da praça e entende porque havia uma sensação de estranhamento ao rever os espaços públicos de Machado, onde supostamente estavam localizados todos os cenários de seus primeiros anos de vida. Maravilhado, ele se sente pequeno diante da história: "é como se eu tivesse de reconstruir a minha infância".

Permanecemos por lá durante uma, duas horas, talvez. Sentamo-nos em bancos ao redor da fonte. Dona Teresa e a irmã, Zuleica, que nos acompanha no passeio, soltam uma risada baixinha, ingenuamente sem-vergonha, ao se recordarem de uma tradição do interior, o *footing* (pronuncia-se "fútin"). A palavra vem do idioma inglês e significa algo como a superfície segura sobre a qual os pés se sustentam ao andar ou correr. Mas, antigamente, era sinônimo de paquera. Vinha gente de toda a região – "na verdade, só os solteiros", elas corrigem. As meninas, muito bem arrumadas, caminhavam rodeando a praça em um sentido; igualmente bem-vestidos, os meninos tomavam a outra direção. Era provável que, depois de algumas voltas e alguns olhares, o rapaz chamasse a moça para se sentar e conversar. Nada mais, elas garantem. Todos riem, em especial Cássia, que confirma que o ritual jamais funcionaria com Adelson e sua determinação de querer tudo para agora:

— Comigo não teve *footing*. Deu bote na hora.

Durante três dias de viagem, Adelson experimentou novamente, depois de quase vinte anos sem retornar à região, um modo de vida pacífico e elementar. Do alto da colina onde sobrevive o sítio que pertencia ao avô Antônio, fez uma fotografia de 180 graus da paisagem, com seus diversos tons de verde, largas distâncias entre uma propriedade e outra e a possibilidade de enxergar, no horizonte, a vastidão do planeta. Pensou em como deve ter sido difícil para seus antepassados vender o terreno e abandonar um lugar de beleza esplêndida, solo fértil e plena segurança. Será mesmo que as coisas foram tão difíceis quanto Dona Teresa conta? Ou, ainda que tenham sido, a alegria e a paz daquele local não proporcionavam suficiente recompensa?

Saudade. Um sentimento que vale por mil realidades. A gente sente falta de alguma coisa.

Alguma coisa.

A perspectiva distante dos fatos é mesmo poderosa, capaz de causar nostalgia e oscilações de memória a episódios que pareceram tão claros um dia. A dor se atenua. As cores das boas lembranças se intensificam, como aquarela de tinta fresca. Mas o certo é que houve uma força mobilizadora, uma resolução de bases sólidas. Além do incentivo da família que já havia transferido suas expectativas para a cidade grande e das dificuldades financeiras, Adelson começou a enfrentar fragilidades de saúde que afligiam os pais, incertos de que, no interior, poderiam prover ao filho tratamento adequado. E pensar que tudo começou com um episódio bobo, uma brincadeira inocente que comprometeu a capacidade de respirar do menino.

Aos cinco anos de idade, Adelson não participou da decisão dos pais; entretanto, esse é o tipo de movimento que não termina em si mesmo. Um ponto de virada se desenhou na trajetória da família, em especial daquele menino ainda muito jovem, mas destemido. Da roça, eles partiram para o caldeirão urbano. Do pé de manga, ele partiu para o mundo.

No banco traseiro do carro, em um fim de tarde de outono, Dona Teresa mira a linha reta e interminável da rodovia estadual Raposo Tavares. Adelson pisa fundo, fazendo a mãe espremer o terço entre os dedos. Mas ela volta a atenção às nuvens escurecidas que, após o pôr do sol, descem no horizonte tocando a estrada à frente:

— Tô admirada de ver o céu encostando na Terra. A gente vê longe, né?

SOBRE TODAS AS COISAS QUE DEIXAMOS PARA TRÁS

Álvares Machado, ano de 1970

Eu tinha apenas três anos, mas me lembro de quase tudo. Senti algo paralisar dentro de mim, como uma máquina arrancada de sua fonte de energia. Eu tossia, tentando expulsar o que travava a passagem de ar para os pulmões. Inspirava com violência, produzindo um ruído encorpado e dolorido, que levou minha família a temer, naquele instante, que não se tratava somente de uma criança engasgada. Dizem que foi um sufoco para aliviar aquela crise e que, depois de tanta luta, eu parecia até desfalecido.

Estávamos no sítio do meu avô Antônio. Minha mãe conta que eu era o tipo de garoto com quem todo mundo brincava, que sabia fazer graça e ganhar a simpatia dos adultos. Tia Cida, em especial, adorava ser criança junto comigo e, naquele dia comum na roça, ela correu atrás de mim, sabendo que, com a bagunça, iria me tirar um sorriso. Eu tinha um pedaço de melancia na boca e não sei bem se, no susto ou na animação, acabei aspirando uma semente. Quando minha mãe chegou em casa, o pânico havia passado, mas ela notou algo de errado naquela respiração cansada e sofrida. Corremos para o hospital, em Presidente Prudente. O raio X mostrou que o caroço havia se instalado no canal do pulmão, mas, depois de algumas horas, eu me sentia um pouco melhor e o médico nos mandou para casa. Deveríamos retornar no dia seguinte para repetir o exame. Assim fizemos, e a semente continuava ali, assim como os pequenos solavancos da minha respiração. Novamente, fomos orientados a retornar "amanhã". Como minha mãe conta, o médico avisou que, se o caroço persistisse ali, teríamos que buscar atendimento em São Paulo para tirá-lo. Nunca pesquisei se, do ponto de vista técnico, isso seria possível. Só sei que, no terceiro dia, ele não estava mais lá.

A partir daquele episódio, desenvolvi uma espécie de bronquite aguda e, quando as crises atacavam, meus pais precisavam largar tudo e se apressar comigo para o hospital. Chegava lá, me colocavam no oxigênio e, quando a tormenta da falta de ar cedia, entrava com medicação, muitas vezes antibióticos. Isso ocorria, no mínimo, uma vez por mês. Era uma situação previsível, que deixava todos em estado de alerta constante, esperando aflitos pela próxima emergência. Quando nos mudamos para São Paulo, as crises se agravaram por causa do clima úmido e frio, junto com a poluição gerada pelo polo petroquímico perto de casa. E, no auge da respiração desesperada e do movimento violento do peito, para dentro e para fora, eu tinha a sensação de que iria morrer.

No interior, o pessoal acreditava muito em simpatia, seguindo a tradição dos antigos. E minha mãe fez de tudo o que os mais velhos ensinaram para me ver curado. Em um dos rituais, era encostado no tronco de um pé de figueira, mediam a minha altura e, naquele ponto, arrancavam uma casca da árvore. Dizia-se que, conforme eu crescesse e quanto mais superasse a marca da árvore, a bronquite iria se desfazendo. Outro costume era consumir leite de cabrita e até de égua. Certamente, ninguém me contou, à época, a procedência daquele alimento. Se foram as simpatias, a fé ou o tempo, eu não sei, mas vim a sarar das crises somente com sete anos, mais ou menos, como conta minha mãe. Ela acredita que os antibióticos enfraqueceram os meus ossos, daí viria a explicação para tantas fraturas, especialmente nos braços. Também não sei se esse foi um gatilho para uma mudança interna e definitiva, mas o fato é que, depois disso, sempre estive brigando com a minha saúde.

*

Há coisas que eu, Adelson, vou contar diretamente a você. Quando decidi resgatar a história da minha vida, eu estava determinado a reencontrar e compartilhar as verdades necessárias para que essa obra não fosse apenas mais um relato de superação e sucesso de um empreendedor. Eu tinha um propósito claro, o de mostrar até onde a perseguição de um sonho pode levar um ser humano. E eu fui longe. Às vezes, longe demais.

Não que eu pense em estimular você a repetir os meus passos. Não, não desejo a ninguém uma série de situações pelas quais passei. Mas acredito que as minhas experiências e a sinceridade em retratá-las podem trazer uma nova perspectiva sobre os nossos limites; sobre os dilemas morais associados a condutas que assumimos para sermos aceitos e compreendidos socialmente, ainda que sacrifiquemos a lealdade a nós mesmos e a nossos desejos; sobre o quanto estamos dispostos a penetrar em nossas camadas de insegurança e acreditar no que podemos realizar; e, também, sobre tudo o que pode dar errado.

Tudo pode dar errado. Mas também pode dar certo.

Todos os dias, antes de dormir, eu me ajoelho e peço confiança. Para amanhecer com energia, lucidez e vontade de trabalhar, por mais que o dia tenha sido difícil. Peço que eu não seja arrogante, mas também que não seja inocente. Que tenha firmeza em minhas decisões, mas que também saiba ouvir. Minha conexão comigo mesmo e com o meu Deus é esta: o compromisso de acreditar no meu trabalho e em minhas capacidades. Mesmo quando eu ainda tinha pouca consciência sobre a repercussão que meus atos poderiam causar sobre mim e sobre os outros, ou quando não pude ignorar o medo diante de circunstâncias ameaçadoras, eu obedeci aos meus instintos: "faça". E, assim, durante décadas, fiz tudo, tudo o que desejei por um minuto, um dia ou uma vida. Talvez, boa parte dessas ideias tivessem se diluído ao sinal de mínima prudência e com algumas boas noites de sono, como ocorre com muitas pessoas. Mas eu nunca deixei um sonho chegar a esse estágio, ao ponto do esquecimento, do entendimento de que... "não dá, isso não é para você ou para agora". Também nunca admiti a derrota de um sonho para outro mais acessível e confiável... Segurança significa aceitar, ou, na melhor das hipóteses, aguardar. E ambas as condições me enlouquecem.

Quando iniciei o processo de coaching com a Rosana Romão, os primeiros testes de função cerebral tornaram evidente o tamanho do abismo em que eu a havia inserido: em uma escala de medição, a minha porção criativa e comunicativa (hemisfério direito) marcou 23 pontos, enquanto os aspectos lógico e organizado (hemisfério esquerdo) atingiram 9 pontos.[11] Por um lado, a lacuna explica a facilidade de transitar naturalmente em diversos meios, de empreender e de perceber o panorama como um todo, ainda desfocado e distante, enquanto muitos ainda estão presos à visão de curto prazo. Por outro, coloca o talento sob o risco de se tornar um grande defeito, porque, sem razão e pensamento concreto, uma hora a intuição vai furar. E assim comecei a considerar uma revisão de referências há muito tempo enraizadas em mim. Rosana dizia: todo ser humano tem fragilidades e forças; se você der a mesma atenção aos dois, poderá se tornar inteiro.

---

[11] De acordo com a metodologia, o resultado ideal consiste em oito pontos para cada quadrante, ou na soma de 16 pontos em cada hemisfério do cérebro.

Eu não sabia que me faltava uma parte. Também não tinha ideia de que a memória é cheia de truques. A gente segue a vida carregando uma bagagem de lembranças, de verdades que nunca existiram e de palpites de como as experiências nos moldaram. Conta histórias do que viveu, quando, na verdade, o que sobrou é uma versão reduzida, às vezes modificada, dos fatos. E, então, no início de 2016, estabeleci que, naquele ano, reencontraria o passado, visitando locais importantes da minha infância até o início da vida adulta, cruzando o interior de São Paulo, onde nasci, e o sul do Mato Grosso do Sul, onde, aos 22 anos, escapei da morte. O plano de viagem estava definido:

Há mais ou menos vinte anos eu não retornava a Álvares Machado. Não poderia seguir viagem sem duas pessoas: minha mãe, que, daqueles tempos, guarda uma memória muito mais fresca e acabada do que a minha, embora também estivesse, há mais de 10 anos, ausente da região e da convivência com os irmãos e primos; e Cássia, com quem eu precisava dividir, como sempre fizemos por toda a vida juntos, todas as revelações que me esperavam. Além disso, também seria uma viagem de retorno para ela, que, antes mesmo de me conhecer, já tinha uma história com a região e lá ainda possui parentes vivos.

Uma das maiores revelações foi, na verdade, a constatação de uma injustiça. Eu sempre havia atribuído à minha mãe a inquietude e a coragem para mover a família para São Paulo. Meus pais viam a necessidade de me proporcionar um melhor tratamento para os surtos de falta de ar, mas era ela quem desejava transpor aquele modo de vida interiorano e estático, aumentando as chances de elevar nosso padrão econômico – essa era a minha versão da história. Entretanto, nas conversas sobre os motivos que os fizeram abandonar o campo, minha mãe confessou ser muito apegada aos pais e irmãos, naquela época, e que entrou em embate diversas vezes como o marido, opondo-se ao desejo dele de ir embora. De repente, meu pai já não era mais o homem tranquilo e acomodado

Plano de viagem de 13 a 16 de maio de 2016

13 de maio
1. Saída de São Paulo, no início da tarde
2. Chegada a Presidente Prudente (SP)

14 de maio
3. Saída de Presidente Prudente (SP) e chegada em Ivinhema (MS)
4. Percurso de Ivinhema a Naviraí: retorno ao ponto exato onde o episódio ocorreu
5. Chegada a Nova Andradina (MS): descanso

15 de maio
6. Saída de Nova Andradina e chegada em Álvares Machado (MS): reencontro com familiares

16 de maio
7. Retorno a São Paulo

Total de quilômetros percorridos: aproximadamente 2 mil

que imaginei, embora, nos dias de hoje, passe mais tempo no mato, em um sítio que meu irmão Edmárcio comprou anos depois, do que em companhia de minha mãe, na cidade.

Como um engano pode ter perdurado por tanto tempo, sem nunca termos tocado no assunto? Eu realmente não sei.

O fato é que o movimento realizado pelos meus pais alterou o fluxo dos acontecimentos. Ele é o primeiro ponto de virada na história que revelo, um divisor entre as vidas dos que partiram e dos que ficaram.

*

Álvares Machado, abril de 2016

"Lá no 10, no São Geraldo." É como nos referimos ao lugar onde nasci, o quilômetro 10 da estrada antiga que leva ao bairro de São Geraldo, em Álvares Machado. Na manhã do terceiro dia de viagem, seguimos para aqueles lados para um almoço de domingo na casa do tio Hélio e da tia Cida (a mesma do episódio da semente de melancia). "Vamos pra roça!", digo à Cássia e minha mãe, que já havia comprado alguns ingredientes para encorpar a mesa.

Tio Hélio é daqueles tios que qualquer sobrinho adora, que gosta de mostrar as curiosidades da terra, de fazer piadas e de agradar as visitas. Hoje, ele faz o possível para manter o sítio e, por lá, cultiva algumas árvores frutíferas, verduras e legumes para consumo próprio. Também cria galinhas para produzir ovos e algumas vacas para o leite. Mas, embora tenha braços e pernas robustos, resultado de décadas de trabalho na lavoura, ele sente o peso do tempo:

— Idade é bom para quem não tem – ele diz.

As mulheres se articulam rapidamente para preparar o almoço, enquanto tio Hélio e eu vamos para fora da casa. Ele carrega o seu velho facão para todo o lado e mostra o seu trator, hoje estacionado, como um equipamento já sem nenhuma utilidade, mas que teve o seu momento de glória nos tempos de colheita intensa. Conta que já não trabalha com frequência na roça, que não aguenta mais, e que as plantações de tomate, entre outras, estão tomadas de veneno. Diz que os agricultores todos que trabalhavam com a fruta estão "infectados", como ele diz, querendo explicar que foram contaminados pelos agrotóxicos. Então, olha para o céu e observa um avião passar, ao longe, tão longe que nem ouvimos seus motores, e me pergunta se é preciso voar por muito tempo em cima do mar quando se vai para os Estados Unidos. Explico a ele a rota e que não é necessário sobrevoar o meio do oceano.

— Você já andou de avião, tio? – pergunto.
— Nunca! Nem vou andar... Cé louco!

A pergunta acaba me levando a questioná-lo sobre o futuro.

— E, tio,... você pensa em ficar por aqui mesmo?
— Nessa altura, vou pra onde?

Termino o assunto aí, pois não há mais o que dizer.
De volta à casa, o almoço está quase pronto. A mesa é farta: frango, carne de porco, arroz, macarronada, beringela refogada e maionese. Entre travessas que viajam de um lado para o outro, minha mãe traz à tona os primórdios da família que migrou da Itália ao Brasil. Divide com a irmã, tia Cida, a lembrança da tragédia que acometeu a bisavó delas – a italiana não aguentou o trajeto e faleceu no navio mesmo. "Foram 40 dias e 40 noites de viagem, com medo de tempestade, de baleia...", ela

conta, colocando no tom de voz e nos gestos com as mãos todo o drama da história.

Tia Cida responde pouco ao convite de minha mãe para resgatar o passado. Já não é mais a moça que corria atrás do sobrinho para fazê-lo rir. Ela anda apática, distraída. Diz que é por causa dos remédios. Mas encontra força para narrar a sua experiência recente com a igreja evangélica e tentar arrastar um ou outro com ela. Meu tio claramente não aprova a escolha da esposa, e não se acanha em aceitar, diante dela, o copo de vinho que eu, falando baixinho para que ela não ouça, ofereço. Com dificuldade para se lembrar das coisas, ela descreve a primeira vez que desceu a Serra do Mar:

— Você tinha uns 7 anos, Adelson. Falei pra Deus que, se ele me tirasse dali, eu nunca mais voltaria.

A casa onde tia Cida e tio Hélio vivem é espaçosa e tem acabamentos mínimos, os necessários. Para eles, a casa que construíram, muito tempo atrás, foi uma grande conquista e eu acabei dando uma contribuição importante para isso. Naquela época, peguei um pedaço de papel e desenhei como a casa deveria ser. E minha tia fez questão de seguir exatamente o que projetei.

Embora breve, nossa passagem pelo interior trouxe revelações importantes a todos nós – minha mãe, Cássia e eu. E também saudades de um passado que, há muito tempo, escolhemos não viver mais. "Mas como era bom, não? A gente deixou uma terra tão boa…". Diante da realidade de meus tios, uma constatação fácil e descompromissada dessas poderia ser entendida até como certo desrespeito. Uma zona de conforto para os que tiveram a opção de manter o equilíbrio entre identidade e afastamento daquela existência, usando essa referência da forma que mais lhe convém no momento. Não pense você que eu ignore a diferença e a distância entre nós... Sei que, naquela casa, ainda existe muita luta.

— A vida era dura, não tinha tudo isso aqui... – tio Hélio contrapõe, apontando para a fartura da mesa, em um gesto para nos trazer de volta ao plano real.

Após o almoço e a arrumação da cozinha, nos preparamos para partir. Surpreso com a visita, meu tio confessou ter pensado que nunca mais me veria novamente, o que faz dessa nova despedida uma renovação da dúvida: será que essa foi a última vez? Ligo o carro, abro os vidros e começo a acelerar lentamente. Acenando, tia Cida faz um pedido:

— Achei que vocês iam esquecer *da* gente. Não esqueçam *da* gente.

Capítulo 5

SONHOS FEITOS DE PAPEL, LINHA E TIJOLOS

Parque São Rafael, 1972

Montados em um burrinho, Adelson e Ailton posam para a foto. De bermuda social, camisa branca, suspensório e sapato Vulcabrás preto, os meninos vestem, em um dia comum, o traje de passear, todo confeccionado por Dona Teresa, assim como a maioria das roupas dos filhos, e reservado para ocasiões especiais. Ela os arrumara com esmero para a foto. A família havia se mudado há pouco tempo para o Parque São Rafael, que ainda ocupava uma zona essencialmente rural da cidade de São Paulo, quando um fotógrafo de rua avistou Dona Teresa no portão de casa e ofereceu um retrato instantâneo das crianças. Com a câmera, que mais parecia um caixote, apoiada sobre um tripé, ele se posiciona sob o tecido preto e registra o momento – a primeira foto de Adelson.

O Parque São Rafael,[12] na divisa com a região do Grande ABC paulista, começava a se desenvolver no início da década de 1970, atraindo trabalhadores que buscavam um novo meio de sobrevivência nas indústrias locais. Chão de terra, poucas casas vizinhas e pequenos armazéns contrastavam com as majestosas chaminés no horizonte. Assim como há poucas imagens retratadas daqueles tempos, a memória de Adelson acomoda apenas uma vaga visão dessa paisagem híbrida e ociosa, quando ali chegou com os pais e os três irmãos até então – vieram, ainda, Edmárcio e Eduardo. Logo depois, as lembranças passam a ter tons mais marcantes e linhas completas, especialmente quando a família se instala em sua residência temporária, uma casa alugada com modestos dois cômodos, e inicia a saga da construção de um lar definitivo, na mesma rua.

Valdevino não queria, de forma alguma, comprar um terreno ou imóvel na cidade, mas a esposa queria que fossem donos do próprio teto. Um amigo havia indicado a ele a oportunidade de alugar uma casa no Jardim Santo André. O pai de Adelson avisou Dona Teresa que iria antecipar o aluguel de três anos, que já havia dado uma entrada para o proprietário e, portanto, que ela deveria parar de procurar outras opções por aí. "De jeito nenhum, eu vou lá ver isso", ela pensou. Chamou o pai para acompanhá-la na busca e, juntos, foram conferir que lugar era aquele. Ela desaprovou e, na realidade, já tinha outra ideia em mente. Ficou sabendo de um novo loteamento no Parque São Rafael, onde uma escola municipal havia acabado de ser construída. O asfalto ainda não

---

[12] O Parque São Rafael é o principal e o mais antigo bairro do distrito de São Rafael, pertencente à região de São Mateus (e distante apenas 8 km do centro de Santo André). A ocupação do bairro começou na década de 1960, quando amplas áreas foram loteadas em terrenos menores e vendidos, sobretudo, para famílias de trabalhadores que migravam de outras regiões do Estado de São Paulo e de outros estados do Brasil para trabalhar nas indústrias da região do Grande ABC, dando ao bairro características de classe média e média-baixa. Fonte: *Gazeta de São Mateus*. Disponível em: http://www.gazetasaomateus.com.br/historia-do-bairro/.

havia chegado até lá, mas isso não demoraria a acontecer, da maneira como as coisas estavam progredindo. As condições de pagamento cabiam dentro das possibilidades da família – uma entrada de pouco mais da metade e o restante dividido em seis parcelas. Seu Antônio também consentiu, apesar da distância do local para o Sapopemba, onde ele já vivia de aluguel. Ele aconselhou:

— Nunca vocês *compra* casa na beira de córrego. Tem que ser assim, lugar alto.

Ao recordar do episódio, durante a viagem por Álvares Machado, Dona Teresa conta a Adelson como foi difícil convencer Valdevino:

— Seu pai achou ruim. Daquele jeito... bravo, duro. Me perguntou: como vamos construir? Eu disse: devagar. Mas que nós vamos comprar, nós vamos comprar.

Penso se, quando mãe e filho professam afirmativas como essa, percebem o arrebatamento que existe em comum entre eles. Ele aprova a determinação da mãe com um riso solto e orgulhoso, como quem só falta dizer: "essa é a minha mãe!". Ela, em contrapartida, não faz referência direta a tal semelhança, no entanto, depois de superada toda a preocupação crônica de mãe de uma criança indomável, compreende e absolve Adelson de toda a falta de juízo e das desobediências, pois, no final das contas, "ele tinha vontade de conseguir as coisas dele".

Adelson tinha objetivo quando descobriu, inclusive, a oportunidade de fazer dinheiro com a compra e venda de sucata. Dona Teresa mandava o mais velho, Ailton, ficar de olho no irmão e não deixá-lo correr para o ferro velho depois da escola, mas, quando se dava conta, ele já tinha sumido com o carrinho de latão lá para os lados da petroquímica. Os pais repreendiam a atitude do filho com sentença e entonação de assustar qualquer menino de sua idade – apenas oito anos.

Mas não Adelson.

A quantia que angariou com o ferro velho tinha destino deliberado: a realização de um sonho feito de papel de seda, linha e armação de varetas de bambu. Ele a desejou no momento em que a viu se sustentar no céu, intrépida e trepidante, lutando para aproveitar os melhores ventos e não ser derrubada por eles. Ele queria uma pipa. E se o dinheiro de casa não pudesse comprar a brincadeira, ele encontraria um que o fizesse.

Falando dessa forma, até parece que a raiva ou a melancolia o empurraram para a ação. Só que não é bem nessa batida que a história flui, durante grande parte do tempo. Da decisão de ter uma pipa até todos os movimentos que Adelson executou a fim de obter qualquer ganho, fosse ele econômico ou anímico, essa motivação possui raízes mais objetivas, como uma flecha que, quando deixa o arco com um alvo precisamente focado, não tem tempo nem razão para analisar o seu trajeto, apenas sente o prazer de viajar em alta velocidade. Também não parte com o intuito de culpar ou ferir ninguém, somente de alcançar o destino.

A rebeldia até teve seus momentos. Não foi exatamente com uma flecha, mas com um carrinho de rolimã incrementado com rodas de skate, que Adelson e Marcos, seu melhor amigo do bairro, lançaram uma febre adolescente no Parque São Rafael. Sentiram-se os donos do pedaço quando ganharam, pela invenção, um concurso da Sunshine, a baladinha local que frequentavam todos os domingos. Eles deviam ter em torno de 14 anos de idade. No início, Dona Teresa achou que se tratasse de uma aventura de moleques. Ela observava o filho dar impulso no alto do longo corredor da casa e, em segundos, sumir de vista, o que preocupava a ela e a Valdevino, que tanto pediram, insistiram, mandaram e esbravejaram para que o menino ficasse um pouco em casa e estudasse. No começo, os garotos subiam a ladeira da petroquímica próxima ao bairro, onde circulavam caminhões que lá carregavam material e, lá de cima, "pegavam rabeira" nos veículos para ganhar velocidade na decida, desafiando a eficiência da borracha de pneu que funcionava como freio. O pior foi quando, certo dia, um vizinho alertou a mãe de que os amigos estavam, na verdade, usando a engenhoca para descer as curvas da Serra do Mar, na chamada velha estrada de Santos, que já era fechada para carros naquela época. De ônibus, eles iam até o Riacho Grande, no alto da serra, e de lá seguiam para a estrada. Deitavam-se sobre o carrinho e largavam-se à força da gravidade, parando somente quando chegavam em Cubatão, já na baixada.

> Quando me contaram 'olha, o Adelson está fazendo isso… Ele, fulano e ciclano'. Meu Deus do céu, falei: 'vocês estão fazendo isso mesmo Adelson?'. Ele chegou até a apanhar do pai, porque era muito perigoso. Mas ele tinha um jeito de escapar que, quando percebia, ele já tinha sumido.

Dona Teresa também ficou sabendo que Adelson escondia o carrinho na casa de outros integrantes da turma aos finais de semana e que, na manhã seguinte àquele dia, eles partiriam bem cedo. Então, acordou ainda de madrugada e passou a vigiar os sons da casa, disposta a pegar o filho no flagra e não deixá-lo ir de jeito nenhum. O carrinho não estava lá, ela pensou, o que não significava muita coisa. Desta vez, ela não seria enrolada.

Então, ela percebe que, conforme o previsto, o garoto está de partida. Ela se apressa atrás dele, porém, antes de alcançá-lo, ele pula a janela do quarto e bate o portão ao sair. Adelson só voltou para casa à noite, "todo esmolambado", com as roupas castigadas e alguns arranhões pelo corpo. Valdevino estava à sua espera para uma conversa de pai para filho.

No dia seguinte, Dona Teresa, ainda insatisfeita com o desfecho da história, descobriu onde estavam guardados os famosos carrinhos de rolimã. E, assim, foi até a casa do amigo protetor. Ela diz que, com jeitinho, fez com que o menino entregasse o de Adelson.

❝ O carrinho era do tamanho deles. Vim mais de um quilômetro na avenida puxando aquele negócio e a turma da rua gritava: 'noooossa, olha a tia com carrinho de rolimã!', como se eu andasse com ele [risos]. Fiquei esperando Adelson chegar em casa e nada dele. Alguém já tinha avisado e ele ficou com medo de apanhar. Depois, mandei arrancar as rodas do carrinho. Minha vida era assim: pelejar com o Adelson. ❞

O que Dona Teresa não sabia é que Adelson tinha outro carrinho escondido, de reserva, e que, depois desse episódio, continuou a descer a Serra de Santos sem ela saber.

Também em companhia de Marcos, Adelson resolveu, na plenitude da adolescência, que precisava aproveitar um pouco a vida, já que tinha apenas 16 ou 17 anos e tudo o que havia feito, até então, era trabalhar para juntar dinheiro. Usava uma lona preta de mochila, colocava-a nas costas e partia, de carona, para os lados de Presidente Prudente, às vezes sem dar satisfações aos pais. Com a mesma lona, montava uma barraca e, das plantações nos arredores, tirava o alimento do dia. Em uma das viagens, chegou a viver assim por uma semana. E assim acabou gastando a sua modesta reserva nas aventuras com o amigo, passando dias sem dar notícias para a família. Às vezes, fazia uma parada na casa dos tios Virgínio e Sebastiana, que corria para o telefone para avisar a irmã, Dona Teresa, de que o filho havia aparecido. Ao tomar conhecimento do paradeiro do garoto, pedia para Sebastiana segurá-lo por lá e mandá-lo embora para casa. No fundo, ela já devia saber que ele retornaria somente quando quisesse.

Da habilidade de se esquivar das situações de pressão junto aos pais à perspicácia de buscar fontes de recursos em atividades diversas, Adelson demonstrou ter a seu serviço um talento precoce para sua idade. Ainda com 11 anos, arrumou um emprego de ajudante em uma barraca de roupas em uma feira livre em São Paulo. Fez isso até os 14 anos. Depois de alguns meses trabalhando como ajudante de caminhão em um depósito, carregando cimento na cabeça, passou a acompanhar o avô Antônio em festas que ocorriam no interior, onde revendia artigos que adquiria nas famosas galerias da Santa Ifigênia, no centro de São Paulo. Logo depois disso, voltou para a feira como ajudante na barraca de um japonês. Mesmo quando arranjou um emprego de *office boy* no BCN, o Banco de Crédito Nacional, a oportunidade de compra e venda sempre falou mais alto do que a estabilidade e a possibilidade de crescimento a longo prazo em um emprego. E assim, durante praticamente toda a segunda década de sua vida, emendou tentativas das mais variadas como comerciante, usando seu poder natural de convencimento, a conversa fácil, o relacionamento sem pressa e o prazer genuíno de interagir com as pessoas. Coisa de gente do interior.

Adelson não tinha paciência de esperar para deixar o tempo passar, para ver o que acontece, para ver como é que fica. Por essa razão, acabou abandonando outra vocação, que o levou literalmente a correr atrás da fama. Aos 17 anos, descobriu o atletismo. Todos os dias, depois de cumprir seu horário no BCN, em Alphaville, tomava o trem sentido de Santo André para treinar no SESI de Prefeito Saladino, em vez de ir para a escola. Neto, amigo mais velho e parceiro no esporte, era seu grande incentivador e vislumbrou o potencial, como fundista, daquele menino de porte esguio, estatura comum, leve e resistente. Adelson praticou todos os dias durante um ano inteiro, não só porque viu no esporte a chance de ser alguém, mas porque gostava de treinar e competir. Ganhou diversas medalhas, ele conta, recordando-se da primeira corrida, em Americana, no interior de São Paulo, com uma extensão de oito quilômetros:

> Eu chorava de dor, de câimbra. Precisei de muita força para conseguir terminar a prova e o Neto esteve ao meu lado o tempo todo. Ele tinha muito orgulho de mim.

Em um dia como qualquer outro, como sempre fazia, chegou na estação para pegar o trem de volta para o Parque São Rafael e, por distração, parou no sentido errado da plataforma. Decidiu atravessar os trilhos em vez de dar a volta, mas se atrapalhou e levou um tombo, machucando o joelho. Não foi uma lesão grave e, em pouco tempo, poderia estar recuperado e retomar os treinos, se tivesse um pouco de calma. Só que uma tragédia sabotou a prova do recomeço: justamente nesse ínterim, Neto sofreu um acidente de carro na estrada junto com a esposa e os filhos. Todos morreram.

Eu não sei contar outro episódio da trajetória de Adelson em que o sentimento de frustração e de abatimento o tenha paralisado.

Ele nunca mais treinou.

Talvez, se as coisas não tivessem seguido esse rumo, ele tivesse se tornado uma estrela do atletismo. Mas ele não costuma pensar nisso. Não gosta de manter em seu acervo de criações possibilidades que nunca se realizarão. Prefere se desfazer do que não tem utilidade, como conta Cássia, e as medalhas conquistadas em campeonatos tiveram o mesmo fim:

> Adelson não guarda nada. Ele se desfez do sótão de casa, onde eu mantinha as coisas, para eu não poder colocar mais nada lá. Até fez outro espaço para isso, mas muito mais difícil de acessar e usar.

Ele sorri e confirma:

> Tem que guardar só o necessário.

*

De volta à década de 1970 e ao promissor Parque São Rafael, o desejo de Dona Teresa havia se concretizado. Na mesma rua em que compraram o terreno para construir, também alugaram uma pequena casa para viver temporariamente. Valdevino trabalhava como operário na fábrica têxtil da gigante Rhodia, em Santo André – ele conseguiu o emprego facilmente, logo que chegou à cidade –, muitas vezes cumprindo o turno da noite. Isso significava que, durante o dia, as crianças estavam proibidas de fazer barulho no quintal, para não atrapalhar o sono do provedor da família. Nos dias de folga do pai, Adelson e Ailton, com seus seis e oito anos, respectivamente, o ajudavam na obra.

Já Dona Teresa, habilidosa costureira, apoiava o orçamento da família produzindo encomendas para um alfaiate vizinho de Seu Antônio, um italiano sempre muito exigente com o acabamento de suas peças. Ela trabalhava dia e noite para finalizar as entregas da semana, conciliando a atividade com o cuidado das crianças e as tarefas da casa. E ainda não deixava escapar uma boa oportunidade de complementar a renda – já tinha "cabeça para negócios", como ela mesma diz. Um de seus irmãos, empregado na casa de tecido Santista, comentou que a empresa cedia aos funcionários, por um preço bem reduzido, as peças de cama, mesa e banho que saíam de fábrica com qualquer pequeníssimo defeito. Então, ela dava a ele o dinheiro para comprar os fardos de roupa e, como não tinha tempo livre para sair de casa, reuniu algumas mulheres que compravam e revendiam a mercadoria.

Todo esse esforço não passou desapercebido por Adelson:

❝ Quando falo sobre meu pai, penso naquela pessoa que coloca a mão na massa. Me lembro dele chegando cansado da fábrica, e ainda fazendo massa e rebocando parede. Minha mãe também, sempre trabalhou muito costurando. Meu irmão e eu ajudávamos a cuidar da casa. ❞

E assim a família ergueu o lar com as próprias mãos. Tudo começou com um único cômodo – um grande salão – e um banheiro. Foi o suficiente para largar o aluguel e consumar a mudança. Naquela época, ouvia-se falar das demolições de casarões da Av. Paulista, antigas propriedades dos poderosos e decadentes barões do café, e lá Valdevino conseguiu, com a ajuda de um cunhado que tinha caminhão, um monte de tijolos robustos de barro e madeira maciça para a obra. Já as portas foram construídas pelo avô Antônio. Aos poucos, Valdevino comprava um pouco mais de material. Erguia uma parede. Fazia o reboco. Instalava uma porta. Abria uma janela. Tudo assim, bem pontuado, bem devagar.

— Vamos fazer mais um cômodo? – Dona Teresa, a matriarca da casa, anunciava.

O marido nunca parecia muito animado com a ideia. Muito menos quando ela resolveu derrubar o segundo quarto para fazer algo diferente, e lá foi todo mundo se misturar, novamente, entre quatro paredes. Aumenta daqui, puxa dali e pronto, construir se parecia mais com uma brincadeira de Lego do que com um grande feito de engenharia.

Nessa casa, Adelson viveu dos 7 aos 22 anos de idade, quando se casou. Até os 16 ou 17, ainda partilhava uma cama de solteiro com o irmão mais velho, mas, então, quando começou a poupar algum dinheiro com o negócio de distribuição de alho, ele mesmo levantou um quarto com banheiro só para si no andar de cima. Ele já namorava Cássia e desejava ter seu espaço, embora privacidade fosse um capricho caro para um adolescente de periferia.

A verdade é que a construção nunca teve um ponto final. Tornou-se uma jornada contínua, que perdura em todos os sonhos de Adelson que são feitos de concreto, como a casa em que mora há mais de 20 anos com a esposa e os filhos, Victor e Gabriel, em um condomínio nas montanhas localizado no município de Santana de Parnaíba, em São Paulo. Quando soube que a propriedade estava à venda, decidiu que aquele seria o futuro de sua família e, mesmo sem ter dinheiro suficiente, naquele momento, para comprá-la, conseguiu um acordo. Ele daria um jeito de cumprir com seu compromisso. Desde então, há sempre uma melhoria ou ampliação a fazer, um ciclo de destruição e construção que mantém tudo e a todos em movimento.

Em uma de nossas entrevistas, em 2016, Adelson me conta sobre a reforma mais recente da casa e mostra, no celular, uma foto do local, com a imagem de uma das 19 árvores do jardim, uma bonita jabuticabeira, que estavam sendo movidas de lugar. Algumas permaneceriam no terreno; outras partiriam para outra morada. "Arrumei um lugarzinho para todas elas", ele diz, como quem se refere a mesas e armários que, quando arrastados de um canto para outro, revitalizam o ambiente. Com a diferença de que móveis, obviamente, não criam raízes. Mas, para Adelson, esse não passa de um detalhe. Para ele, construir é como um hábito que, quando falta, faz nascer uma coceira nas plantas dos pés e nas palmas das mãos. E, se tudo parece quieto e estático demais, os tijolos, o cimento e a criatividade fazem uma mágica, capaz de renovar o que parecia ultrapassado.

O fenômeno da urbanização em São Paulo

- No início do século XX, São Paulo ganhou o apelido de "cidade italiana". Esses imigrantes chegaram a representar 90% dos 50 mil trabalhadores das fábricas paulistas, em

1901. Assim como no campo, experimentaram condições áridas de vida e trabalho. Como operários, recebiam baixos salários e cumpriam longas jornadas de trabalho, muitas vezes expostos a acidentes e doenças. Como forma de sobrevivência, não raramente realizavam atividades paralelas, como o artesanato e o comércio local.[13]

- Entre 1950 e 1980, o Brasil se tornou um país semi-industrializado, com o produto industrial mais elevado de todos os países do chamado Terceiro Mundo. Em 1985, quatro quintos das necessidades de bens de capital (máquinas e equipamentos) eram atendidas localmente, sem ter que recorrer às importações.[14]

- Em meados do século XX, as principais áreas industriais de São Paulo acompanham as vias-férreas: Brás, Belenzinho, Tatuapé, Comendador Ermelindo e São Miguel Paulista, e ainda Pari, Mooca, Ipiranga, São Caetano do Sul e Santo André, acompanhando a Santos-Jundiaí, e Barra Funda, Água Branca, Lapa e Osasco, servidas tanto por essa via férrea como pela Sorocabana.[15]

- O século XX foi caracterizado, no Brasil, por um intenso processo de urbanização, fortalecido a partir de 1960. A parcela de população urbana passou de 31,2% em 1940 para 67,6% em 1980. A mudança de um país predominantemente rural para urbano ganhou velocidade no período 1960-1970, quando a relação se inverteu:

---

[13] Fonte: IBGE. Disponível em: http://brasil500anos.ibge.gov.br/territorio-brasileiro-e--povoamento/italianos/os-imigrantes-nas-cidades.html. Acesso em: 17/4/2017.

[14] Fausto, Boris. "*História do Brasil*". 13ª edição. São Paulo: Edusp, 2006, pp. 540, 588-589.

[15] Petrone, Pasquale. "*A cidade de São Paulo no século XX*". In: Revista USP, 1955. Disponível em: http://www.revistas.usp.br/revhistoria/article/view/36445.

dos 13.475.472 domicílios recenseados no Brasil em 1960, metade se situava nas áreas urbanas; e em 1970, quando foram contados 18.086.336 domicílios, esse percentual já chegava a 58%.[16]

---

[16] Fonte: IBGE. Estatísticas do século XX, 2003. Disponível em: http://seculoxx.ibge.gov.br. Acesso em: 3/3/2017.

Capítulo 6

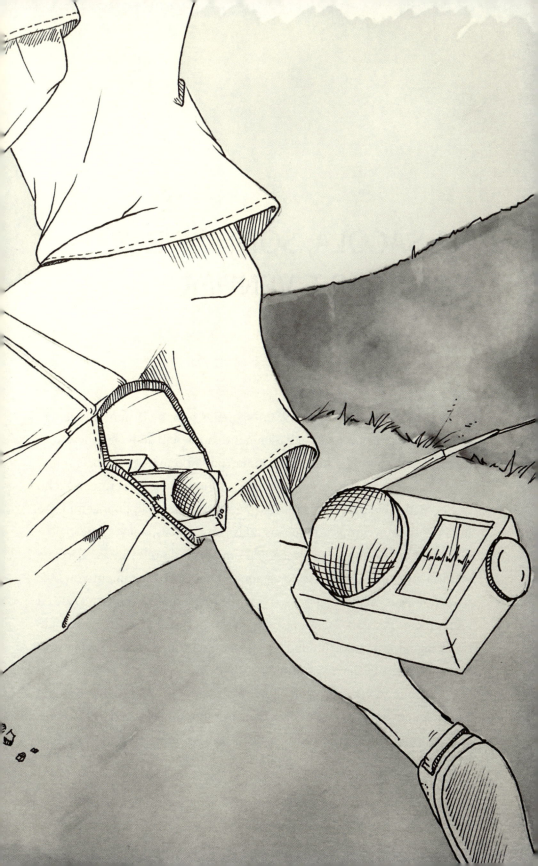

NA SACOLA, SONHOS PARA COMPRAR E VENDER

Era começo da década de 1980. Naqueles tempos, a minha urgência de produzir riqueza vinha basicamente do desejo de possuir bens materiais, fosse uma pipa, um carro, uma roupa de marca ou, mais tarde, uma casa ampla e formosa, onde meus filhos pudessem crescer. Acho que eu não sabia desejar outra coisa, embora a projeção financeira fosse uma ponte para outras conquistas mais substanciais, como o prestígio e o reconhecimento pela realização de uma obra de relevância, algo que eu viria a compreender mesmo somente a partir do lançamento da *Byte* no Brasil. Mas, naquela época, o poder de consumo era o sucesso que eu podia tocar. Por isso, quando soube que muita gente havia encontrado no Paraguai uma oportunidade de gerar uma renda razoável e a curto prazo, eu não quis ficar para trás.

A primeira vez que peguei um ônibus para Foz do Iguaçu, no sul do Brasil, foi em uma excursão organizada por funcionários do BCN. O pessoal adorava voltar com todos aqueles artigos importados que você só encontrava, ou só podia pagar por eles, em Ciudad del Este,[17] como eletrônicos, roupas de grife, perfumes, óculos, bebidas, entre tantos outros. Dessa viagem de principiante, trouxe duas calças jeans da Fiorutti, dois tênis Mizuno e dois relógios femininos. É do que consigo me lembrar. Mas não fiquei com todas as compras para mim; revendi os produtos para amigos e vizinhos. No fim, percebi que havia ganhado mais dinheiro do que minha remuneração mensal – na época, um salário mínimo. Pedi demissão do banco pouco tempo depois disso.

Nos anos 1980 e começo do anos 1990, o Brasil atravessava uma profunda crise econômica e índices altíssimos de desemprego. Não muito diferente do que vemos ocorrer no início da segunda década do século XXI nesse país, as pessoas tinham que se virar como podiam e esse é um fato. Como escreveu o jornal *Folha de S. Paulo* em 28 de maio de 1984, dando o tom das notícias que se proliferaram durante a década perdida:

> "Completados 17 meses dos acordos com o Fundo Monetário Internacional (FMI), o Brasil entra em seu quarto ano de recessão marcado pela fome, desemprego, aumento da criminalidade e expansão dos núcleos de favelas.
> Os números são irrefutáveis e assustadores: um em cada sete assalariados paulistanos está sem emprego; são 10 milhões os brasileiros que recebem meio salário mínimo; a fome já figura como uma das dez causas mais frequentes de mortalidade infantil no Estado de São Paulo; aumentam os saques de alimen-

---

[17] Na época, a cidade era conhecida como Puerto Presidente Stroessner, em homenagem ao então ditador Alfredo Stroessner.

> tos e botijões de gás nos centros de Saúde da Grande São Paulo; o índice de mortalidade infantil nas favelas de Belo Horizonte atinge os 10% (quase a mesma marca do sertão nordestino). Em pontos de periferia paulistana tem caído a taxa de natalidade (hipótese provável: porque os pais temem não poder criar mais filhos devido à miséria). E no Nordeste deverão morrer, este ano, 100 mil crianças por desnutrição e 43 mil por gastroenterite, segundo o ministro da Saúde Waldir Arcoverde."

Em 1984, 60% da população brasileira, quase 77 milhões de pessoas, passava fome e estava condenada à miséria absoluta. Esses são dados do IBGE (Fundação Instituto Brasileiro de Geografia e Estatística) daquele ano. Eu não estou fazendo esse contexto para justificar a atitude de milhares de pessoas que, diariamente, enfrentavam a ameaça da fiscalização e do prejuízo não só financeiro, mas muitas vezes físico. Eu não conheço ninguém que demonstre orgulho de ter sido sacoleiro. O ponto é que essa leitura sistêmica de uma época e de seus desafios intrínsecos coloca luz sobre o fenômeno que testemunhei e que senti em minha própria pele, em forma de cansaço, dúvida e medo.

A Meca das compras

- A região conhecida como Tríplice Fronteira abarca Foz do Iguaçu (Brasil), Ciudad del Este (Paraguai) e Puerto Iguazú (Argentina). Foz possui cerca de 207 mil habitantes e, juntamente, com Ciudad del Este, recebeu hordas de imigrantes

> árabes (a maioria de origem libanesa), chineses e japoneses entre os anos 1970 e 1980. Ao lado de brasileiros, argentinos e paraguaios, fortaleceram o comércio na região, contribuindo para que a cidade se tornasse conhecida como a Meca das compras.
>
> - Durante a recessão no Brasil, nas décadas de 1980 e início de 1990, o comércio formiga (como ficou conhecida a importação de mercadorias praticada por pessoas) atingiu em torno de US$ 8 bilhões anuais, segundo estimativa indireta de dados do Banco Central.[18]
>
> - Em seus tempos áureos, como em 1992, quando movimentou US$ 12 bilhões, Ciudad del Este recebia entre 30 e 40 mil sacoleiros por dia.[19] Hoje, as cifras caíram para US$ 2 bilhões por causa da repressão à prática no lado brasileiro.[20]

Eu me lembro muito bem da enorme quantidade de ônibus fretados e também de linha que seguiam para Foz do Iguaçu e se enfileiravam à entrada da Ponte da Amizade, a principal entrada da importação de pequena escala, conhecida como comércio formiga. No Parque Dom Pedro, de onde eu partia com maior frequência, os ônibus saíam às sextas-feiras e voltavam aos domingos, e também às terças, retornando às quintas. Vários (muitos mesmo, centenas deles) deixavam o terminal ao mesmo tempo, iniciando viagem por volta das 18h ou 19h para chegar

---

[18] SANTOS, Antonio Oliveira. In: Folha de S. Paulo. 9 fev. 1997. Disponível em: http://www1.folha.uol.com.br/fsp/1997/2/09/dinheiro/3.html.

[19] MASCHIO, José. "Dólar e receita derrubam comércio sacoleiro". In: Folha de S. Paulo. 26 dez. 2002. Disponível em: http://www1.folha.uol.com.br/fsp/dinheiro/fi2612200216.htm.

[20] ANTONELLI, Diego; KöNIG, Mauri. "O berço dos patrões". In: Gazeta do Povo. 23 mar. 2017. Disponível em: http://www.gazetadopovo.com.br/vida-e-cidadania/especiais/imperio--das-cinzas/o-berco-dos-patroes-20cgpwh14us0qztttfkvkerm6.

em Foz em torno das 9h ou 10h do dia seguinte. Eu sempre encontrava muita gente conhecida, geralmente uma turma de Santo André que ia regularmente para o Paraguai. Passávamos a noite inteira no ônibus, então todos, sempre cansados, levavam cobertor e travesseiro. Os pares, nos assentos, se revezavam para dormir: um esticado sobre a poltrona dupla, outro no chão à frente. Eu achava mais confortável ficar no chão do que no banco. Às vezes, dormia no bagageiro também, junto com um dos motoristas, que sempre viajavam em dupla para se alternarem ao volante. Perto de chegar em Foz, parávamos para tomar café em algum posto de serviço da estrada.

O grupo vivia daquilo. Éramos todos sacoleiros.

Não foram poucas as vezes que cheguei de volta a São Paulo, deixei as compras e emendei outra jornada. Era uma verdadeira maratona. Eu costumava trazer especialmente eletrônicos: rádios de pilha, aparelhos de rádio multifunção, videocassete... Mas o que mais comprava, mesmo, eram os radinhos de cor azul. Enchia uma sacola de lona deles e os revendia para um comerciante da Santa Efigênia, o Menezes, o mesmo sujeito que me venderia os relógios para minha ida ao garimpo.

Em Foz, alguns ônibus chegavam a cruzar a ponte, mas eu preferia parar antes e atravessar a pé seus pouco mais de 500 metros de extensão. Alguns veículos tinham acordos com a fiscalização para fazer vista grossa e liberar o pessoal, o que para mim era mais história do que qualquer coisa. Alguns juntavam uma quantia para dar ao fiscal, mas eu nunca vi isso dar muito certo. Durante todo o dia, eu fazia diversas idas e vindas para guardar as compras no ônibus e voltar a Ciudad Del Este com as mãos livres novamente. E então, durante a última travessia, todos sabiam que o momento mais crítico da travessia estava próximo. Os riscos se tornavam cada vez mais iminentes assim que entrávamos no ônibus para iniciar o retorno para casa. Como, entre nós, um sempre adquiria mais eletrônicos, outro calças e assim por diante, dividíamos os itens para diminuir o volume de produtos iguais e tentar descaracterizar as compras para revenda. Entretanto, quando era o seu dia de azar, nenhuma tática funcionava. A fiscalização uma hora chegava mesmo, apreendia as sacolas e causava um estado de profunda tristeza e lamentação. Poucas palavras se ouviam no ônibus até a chegada a São Paulo.

Havia vários pontos de fiscalização na BR-277, ao longo do trajeto de retorno, e o papel desses fiscais era apreender o que a vigilância da Receita Federal, na fronteira, não havia barrado. O primeiro, o temido Posto de Fiscalização Bom Jesus, estava localizado em Medianeira, no Paraná, a cerca de 40 minutos de Foz, e tinha outro logo após a cidade de Cascavel. Dependendo da época, os fiscais executavam um pente fino, obrigando todos os ônibus a entrar em uma fila que se estendia por quilômetros, impondo horas e horas de espera. Quando isso acontecia, o trânsito parava, e as pessoas desciam do ônibus, aflitas, para conversar e compartilhar a esperança mínima de escapar da vistoria, de alguma forma.

Eu sei que, em um determinado dia, mesmo depois de distribuir a mercadoria, me vi com uma sacola cheia de radinhos. Uma semana antes, eu já havia perdido as minhas compras e, ao perceber a fila de veículos à espera das garras dos fiscais, pensei: não posso ter esse prejuízo de novo, de jeito nenhum. Restava uma única alternativa. E, embora todos já tivessem ouvido falar dela, poucos se atreviam a encará-la.

A saída de emergência era embrenhar-se pela imensa plantação de soja por trás do posto de Medianeira, correr o mais longe possível, sumir na escuridão e por ela contornar a fiscalização, voltando para a estrada bem depois dela. Não havia uma rota traçada, coordenadas conhecidas, caminhos já marcados. Tudo não passava de vaga e incerta teoria. Mesmo assim, peguei minha sacola de radinhos, combinei com o motorista que ele me pegaria lá na frente e, então, fugi.

Eu tinha 17 anos. Tive tanto medo que nem sei direito o que temia. Se era de ser visto por algum patrulheiro da Polícia Rodoviária Federal, de me perder ou do escuro absoluto que me envolveu em poucos segundos. Ali, no meio da soja, agachado entre as plantas, andei por cerca de 300 metros, para dentro da fazenda e para longe das luzes e dos ônibus. Devo ter caminhado por mais de um quilômetro até circundar o posto. Deixei a sacola escondida na plantação, me aproximei da beira da estrada e permaneci ali, escondido, esperando o meu ônibus passar. Quando o avistei, peguei as coisas e pulei para dentro. Eu estava todo coberto de barro vermelho, mas aliviado por ter salvo ao menos os rádios de pilha. As pessoas se admiraram com a minha façanha, o que, no entanto, não tornou a noite delas menos desalentadora. Alguns choravam. E apesar de ter me esquivado do mesmo destino, eu também senti aquela frustração, porque ela já havia sido minha também. A maioria daquela gente era de origem humilde – pais, mães, arrimos de família, homens e mulheres persistindo na vida.

As aventuras no Paraguai eram sempre assim: idas de esperança e retornos de insegurança. Naquele dia, assim que desembarquei na capital, fui direto para a Santa Ifigênia, pois, mesmo depois do posto de Cascavel, havia um grande risco de ser assaltado por gangues que miravam os sacoleiros voltando com mercadorias. Já na chegada a São Paulo, a ameaça vinha não somente de bandidos, mas de policiais muitas vezes mal-intencionados que poderiam confiscar os produtos. A chance de ser roubado realmente não era nada remota.

Eu demorei para entender que essas experiências ajudaram a forjar em mim uma constante sensação de insegurança, como se a todo o momento eu tivesse algo a perder. E essa instabilidade não conteve a minha exposição a situações de perigo. Muito pelo contrário, ela parece ter me lançado a uma sequência de enfrentamentos do risco, sem analisar os danos que poderia causar a mim ou a outras pessoas. Afinal, eu não suportaria ter meus rádios apreendidos. Não queria colocar a perder o que já havia conquistado, e essa sensação ainda me pega desprevenido em alguns momentos. Não queria repetir a trajetória de dificuldades e recursos limitados que meus pais conheceram tão bem. Ir em frente passou a fazer parte do meu instinto, atropelando o medo onde quer que ele estivesse e, às vezes, ultrapassando o ponto do não retorno, quando a sorte entra em ação para definir os rumos da vida. Ou da morte.

Por mais de uma vez tive medo de morrer. A primeira delas foi por falta de ar, quando a semente de melancia se alojou em meu pulmão e me sufocou. A segunda, esta sim decorrente de minhas escolhas, deu--se muito longe de casa, ao longo do curso do Rio Madeira, durante os meses que vivi no garimpo. E eu devo essa experiência, uma das mais incríveis histórias que eu vivi, a um golpe de sorte – o encontro com Mara. Ela tinha dois anos a mais do que eu. Na divisão de mercadorias entre o pessoal do ônibus, pedi para que ela guardasse parte das minhas. Eu lembro como se fosse hoje da enorme quantidade de roupa que ela carregava.

Ela me disse que era de Campinas e que em breve partiria para o garimpo. Começou a me contar que muita gente estava comentando sobre um lugar onde o ouro brotava do fundo do rio todos os dias. Eu disse que queria ir com ela.

— Mas eu acabei de te conhecer! – ela reagiu.
— Mas eu quero ir junto! Estou falando sério.

Dias depois, decidimos a data e hora em que iríamos partir. E os fatos que vieram a seguir você já conhece.

Capítulo 7

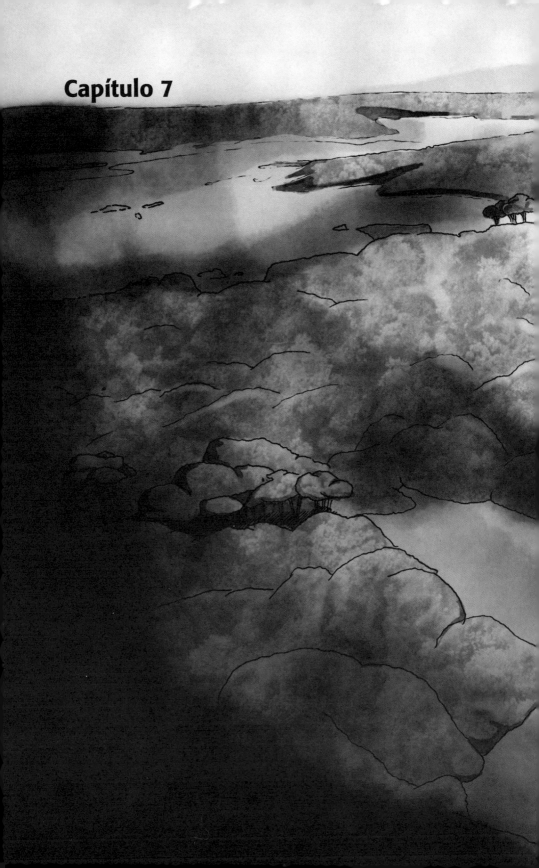

FILHOS DA AMAZÔNIA

Outubro de 2015, Iberostar Grand Amazon

— Você está com internet aí?

Essa pergunta e algumas variações dela se alastraram pelos corredores do Iberostar Grand Amazon assim que o navio zarpou do porto de Manaus. A intermitente conexão com a rede de dados e voz e a iminência de sua interrupção definitiva agitava os passageiros, na maioria presidentes de grandes empresas de tecnologia. Até que, próximo ao horário do jantar, os smartphones se tornaram mudos, surdos e, sem a menor dúvida, desconectados. "Caiu de vez. Vai começar a dar tremedeira", alguém brincou. E, embora a piada tenha permeado o assunto durante os quatro dias de viagem pelo Rio Negro, com os serviços de telecomunicação ressurgindo em curtos períodos, o fato é que ninguém parou de falar e pensar nisso.

Na manhã do segundo dia, a preocupação de todos era com o *dress-code*: que roupa vestir? É para usar calça? Bermuda? Tem que ir de tênis?

Embora a organização do evento tenha se antecipado em fornecer todas as recomendações para as experiências de imersão na Amazônia, no fim, parece que poucos se lembraram de colocar na mala peças de roupas mais leves e confortáveis. Uns apareceram de camisa social de manga comprida, para se proteger dos insetos e galhos; outros, de camisa polo; e quase todos usavam calça jeans. O grupo, à espera da chamada para embarcar nos botes, achava graça de sua própria falta de jeito, diante do ineditismo daquela vivência. "Você vai para a balada também?", brincou um rapaz de polo branca e calça no estilo esporte fino, dirigindo-se a alguns executivos que encabeçavam a fila para deixar o navio.

A primeira parada foi uma visita a uma comunidade indígena local. Na chegada à tribo, uma linda praia de areias brancas à margem do rio, o guia apoiou uma rampa ligando o barco à terra firme, para facilitar a passagem dos turistas. Alguns se preocuparam se iriam molhar os pés. Adelson desceu do bote procurando por Cássia, que havia entrado em uma embarcação anterior: "Cadê minha indiazinha?", fazendo referência à descendência indígena da esposa, uma semelhança denunciada por seus cabelos lisos e castanhos, os olhos escuros e vibrantes e a pele morena. Carlinhos, amigo antigo do casal, logo entrou na brincadeira: "Ih, já levaram ela".

> **Comunidade indígena Kambeba**
>
> A cerca de 60 quilômetros de Manaus, em uma área de preservação ambiental e às margens do rio Cueiras, afluente do rio Negro, está localizada a Vila Três Unidos, de origem Kambeba. Estima-se que a população dessa etnia em território brasileiro seja de aproximadamente 1.500 pessoas.

Adelson procura pela família o tempo todo, sempre que perde Cássia ou um dos filhos de vista por muito tempo. Só sossega quando todos se reúnem novamente para uma apresentação do patriarca da comunidade, um peruano que se estabeleceu na Amazônia brasileira há mais de 20 anos e que ajudou o seu povo a conquistar uma série de avanços, como ele descreve, entre os quais, acesso à educação, à saúde, à tecnologia e ao conhecimento. Ele conta que muitas pessoas ainda chegam por lá esperando ver "índio pelado", mas esclarece que isso já não existe mais, que usam roupas há bastante tempo, mesmo em tribos que não travam tanto contato "com gente como vocês".

"Gente como vocês". O que isso significa para ele? Gente da cidade? Gente almofadinha? Gente esquisita?

O líder da tribo sente-se orgulhoso por terem hoje pessoas com conhecimentos de enfermagem e odontologia, que fazem mestrado e são até professores, enquanto muitos ainda acreditam que índio não tem capacidade. E, enquanto discorre sobre o progresso que chegou às entranhas da Amazônia, os visitantes se distraem com as crianças que vêm e vão, encantados com as fisionomias delicadas, mas selvagens, os cabelos brilhantes e pesados e os pés sujos, com os contornos das unhas manchados de terra. Um menino carrega um pacote de salgadinho nas mãos, outro uma Fanta laranja. Depois do patriarca, Tomé, representante da comunidade, um jovem de olhos puxados e azuis, conta sobre a origem daquele povo, diz que as crianças ainda aprendem a língua nativa e também o português, e comenta sobre a perda de cultura e identidade indígenas, o que a história atribui à influência católica. Na própria tribo, porém, existe uma igreja. Por lá, Jesus e o Deus da crença original daquele povo coexistem, de maneira que o rapaz não se preocupa em explicar.

Compartilho com Adelson a minha leve tristeza em ver que aquelas pessoas absorveram as referências que nós, "gente como vocês", temos de uma vida confortável e significativa. Mas Adelson não compartilha do meu pesar. Pelo contrário, compreende a situação sob o argumento de que, depois de tanto que os índios foram expostos à nossa cultura, reprimidos, maltratados e subjugados, é natural que essa seja a resposta deles. "Eles querem preservar a tradição, mas, ao mesmo tempo, ter as mesmas condições de evoluir, de crescer...", ele diz.

Os membros da comunidade recebem os turistas com agrado. Meninas artesãs exibem colares e objetos de decoração feitos com pedras e madeiras da região. Oferecem pé de moleque de mandioca e outras comidinhas feitas do mesmo alimento para degustação. A mandioca é a base da alimentação dos povoados ribeirinhos, como explica nosso guia, mas, apesar do largo consumo, o cultivo de subsistência nunca está garantido. Isso porque as águas escuras do rio Negro possuem alto grau de acidez, tornando o solo nada favorável ao cultivo. Por esse motivo, as plantações ocorrem em época de seca, logo que o volume de água recua, para aproveitar a terra mais fértil e colher os frutos em até seis meses, quando o rio inunda novamente.

Continuamos o roteiro seguindo de bote para o início de uma trilha na mata. A época é de seca, que faz esvaziar os rios e revelar, nas encostas, as raízes das árvores prestes a desabar e as marcas dos níveis que as águas alcançam em tempos de cheia. Uma convidada, esposa de executivo, avisa, perplexa e feliz: "Gente, tem sinal de internet!". E era verdade. Os celulares pulam de dentro do bolso para as mãos ansiosas.

Iniciamos a caminhada. Jefferson, que agora nos lidera pela aventura na floresta, guia o grupo como um Tarzan, com um facão pendurado na cintura e o olhar clínico para a diversidade de plantas e sons que formam o cenário. Nasceu e foi criado na região, ele diz, e então avisa: "Fiquem aqui", em um tom de "não saiam daqui porque há muitos perigos que rondam vocês, mocinhos da cidade". Ele vai em direção a um formigueiro enorme, agarrado ao tronco de uma árvore, e o atinge com um tapa firme e rápido, imediatamente suscitando a inquietude da colônia. Em segundos, uma população inteira de formigas sai do esconderijo. "Cuidado, elas podem vir pelo chão e subir em vocês!", ele alerta, fazendo o show da selva. Conforme caminhamos, ele nos mostra as riquezas da floresta e nos relata curiosidades da Amazônia. Garante que, diferentemente da comunidade que acabáramos de conhecer, existem tribos em partes remotas da floresta que podem ser até agressivas diante da presença de estranhos. Se ele aumenta ou inventa, não dá para afirmar, mas é evidente o quanto se sente envaidecido pela posição de dominador, de líder daquela gente atrapalhada da cidade, que, àquela altura, derramava suor pelo corpo como se um balde cheio d'água tivesse virado sobre suas cabeças.

*

Tudo começou com uma homenagem. Em março de 2015, Adelson foi premiado pela rede de hotéis Iberostar, onde ocorrem os principais eventos da IT Mídia para diretores de tecnologia de informação, como um dos principais clientes do grupo, navegando a bordo do Grand Amazon, pelo rio Solimões. Foi assim que, pela primeira vez, após os 90 dias no garimpo, ele retornou à floresta. Durante o cruzeiro, percebeu a oportunidade de compartilhar um pouco da experiência que teve ainda menino, trocando a rede e a palhoça por uma cabine e uma cama larga e confortável. O desejo pessoal tornou-se uma iniciativa pioneira do grupo no campo da formação executiva, chamada Leadership Academy. O time escolheu, desta vez, o cruzeiro pelo Rio Negro. O mote era levar CEOs de grandes fabricantes do setor de TI não para um treinamento em sala de aula, e sim para uma vivência edificante, com o potencial de torná-los líderes melhores. Durante quatro dias navegando pelas águas da Amazônia, os temas sustentabilidade e liderança inundariam os pensamentos de homens presos, boa parte do tempo, a salas de reunião e ao raciocínio lógico. Primeiro, com passeios por terra e água para entender o ecossistema amazônico; depois, com palestras e workshops que solidificam esses aprendizados e conectam natureza e negócios, ampliando a visão dos executivos para o impacto de suas ações.

Adelson anda de um lado para o outro e aborda a equipe responsável pela organização com perguntas: "você percebeu isso? Você viu aquilo? Você não acha que devemos mudar aquilo outro?". Não há o que fazer, alterar ou melhorar, somente ouvir o chefe e tranquilizá-lo, mostrando que tudo está sob controle, algo que o time que o acompanha já se acostumou a fazer com carinho e segurança.

A ansiedade, nesse caso, tem um motivo em particular: o embarque de Marina Silva, ex-ministra do Meio Ambiente e ex-candidata à presidência da República. Ela alcançou o navio a bordo de uma lancha rápida, poucas horas antes de sua aparição como palestrante principal do evento, e foi recebida por Adelson e Miguel com a amplitude dos braços que envolvem uma pessoa muito bem-vinda. Ela vestia uma calça jeans reta, de lavagem escura, uma blusa de tom verde-musgo, cobrindo parte do pescoço e parte do quadril, e um único acessório, um colar dourado, largo e rústico. Os cabelos presos em um rabo de cavalo reforçavam seu porte linear e esguio.

Ao pensar a programação do evento flutuante, os líderes de conteúdo da empresa concordaram com o chefe: quem melhor para falar sobre sustentabilidade do que a mulher que nasceu na floresta, revirou as áridas condições sociais e educacionais a que foi exposta e se tornou uma das mais importantes referências na área ambiental em todo o mundo, além de seu papel social e político no País das diferenças? O consenso se instalou entre os leais e criativos membros da equipe, mas somente uma pessoa na sala sentiu na agitação de cada célula do corpo o significado da presença de Marina. Essa vibração se manifesta pelo olhar que diz: "eu sei da tua história, posso imaginar o que você passou e poucas pessoas têm a sua coragem".

Adelson procura conter as demonstrações de admiração por ela, não porque não queira assumi-la, e, sim, para permitir que as pessoas tirem suas próprias conclusões, sem influências. Para que percebam, entre outras forças que ela representa, a manifestação do poder da educação sobre a vida de uma pessoa. Nascida em uma comunidade seringueira, no Acre, Marina foi alfabetizada somente aos 16 anos pelo Mobral, o Movimento Brasileiro de Alfabetização, criado pelo governo federal ao final da década de 1960. Contra todos os indícios de seu destino mais provável – uma vida limitada, árida e sem perspectivas –, tornou-se uma intelectual, militante do meio ambiente e do desenvolvimento sustentável e defensora da justiça social. Entre outras homenagens, foi reconhecida pelo jornal britânico *The Guardian*, em 2007, como uma das 50 pessoas que podem ajudar a salvar o planeta.

A história de Marina ganha ainda mais expressão quando somada à motivação genuína de mudar o mundo, por mais romântico e ingênuo que isso possa parecer. Como disse o escritor Eduardo Galeano, "a utopia está lá no horizonte. Me aproximo dois passos, ela se afasta dois passos. Caminho dez passos e o horizonte corre dez passos. Por mais que eu caminhe, jamais alcançarei. Para que serve a utopia? Serve para isso: para que eu não deixe de caminhar." Assim como a ex-ministra, Adelson conhece o poder de uma ideia transformadora, ainda que pouco palpável. Essa força atuou diretamente no projeto do Instituto IT Mídia, que se originou do sonho pessoal de ajudar jovens carentes a se realizarem profissionalmente, por meio da educação e da inserção desses talentos no mercado de trabalho. Em 2010, ao ouvir a famosa citação de Galeano, durante um evento da própria IT Mídia, Adelson criou sua utopia particular: a concessão de mil bolsas de estudo, em cinco anos, para programas de graduação, inicialmente, e depois de pós-graduação e MBA. O programa, até 2017, entregou mais de 500 delas e, embora a meta ideal esteja distante, ela age como fonte de eletricidade para todos que trabalham no programa.

Instituto IT Mídia

- Em 2008, nasceu o projeto Profissional do Futuro, como era chamado, inicialmente, o Instituto IT Mídia. Até 2010, entregava 10 bolsas ao ano e, se continuasse no ritmo normal, teria chegado a 70 bolsas em 2017. Por isso, a utopia foi fundamental.

- O Instituto IT Mídia surgiu com o propósito de realizar sonhos profissionais de jovens em situação de exclusão, por meio da educação, contribuindo, por consequência, com o crescimento do setor de TI.

- Mais tarde, o Instituto percebeu que não adiantava, somente, formar novos profissionais. Seria preciso, também, desenvolver as lideranças do setor e sensibilizá-las para uma gestão mais humanizada. Assim, o projeto Leadership Academy, voltado a grandes líderes da indústria de TI, passou a integrar as ações do Instituto IT Mídia.

- Na fase mais recente do Instituto, a preocupação com o futuro do País é o mote principal. Por isso, nasceu a ideia de construir um manifesto, batizado de "Brasil Digital: um novo amanhã inovador e inclusivo". Trata-se de um estudo sobre caminhos e modelos que o Brasil poderá seguir para capturar todas as oportunidades que a tecnologia da informação irá trazer. O manifesto será entregue aos principais candidatos à Presidência do Brasil, em agosto de 2018. A iniciativa tem apoio da Fundação Dom Cabral para geração de pesquisas e análises que irão fundamentar esse documento, tendo como pilares infraestrutura, educação, empreendedorismo e governo.

- Entre os parceiros educacionais do Instituto IT Mídia, estão: Fundação Bradesco, Fundação Dom Cabral (FDC), Faculdade de Informática e Administração Paulista (FIAP), Fundação Instituto de Administração (FIA), Grupo Educacional Impacta Tecnologia, Escola Superior de Propaganda e Marketing (ESPM) e Laboratório de Sustentabilidade do Departamento de Engenharia da Computação e Sistemas Digitais da Escola Politécnica da Universidade de São Paulo (LASSU-USP).

Ao embarcar naquele navio, Marina trazia consigo não só a autoridade sobre um tema de seu absoluto domínio, mas também o exemplo de que a educação e o aspecto construtivo da utopia, quando combinados, criam um agente inigualável de transformação social. E, por ter diante de si uma referência de tamanho valor, Adelson sentia-se ainda mais capaz.

*

Quando os grupos retornaram ao navio, após a imersão na floresta para iniciantes, com a sensação de que haviam deixado partes derretidas do próprio corpo por lá mesmo, a palestra de Marina estava a menos de uma hora para começar. Muitos chegaram antes do horário para garantir um bom lugar no auditório, próximo da cadeira reservada à palestrante. Ninguém queria ficar para trás. De calça e camisa polo pretas, Adelson pegou o microfone e assumiu o palco. A princípio, fez um resumo das experiências que os executivos vivenciaram naquele dia, até tocar no nome de Marina e se referir àquele instante como o momento mais importante do evento. Ela mantinha a cabeça baixa, verificando os papéis e o caderno apoiados sobre o colo, junto com um laptop. Quando ouviu seu nome, ergueu o rosto, tirou os óculos e fixou o olhar em Adelson. Ele resgatou a história de quando Marina palestrou em outro fórum da IT Mídia, no ano anterior, época de campanha eleitoral. A candidata precisava estar em Brasília no dia seguinte e estava determinada a pegar um ônibus, naquela mesma noite, após sua participação, da Ilha de Comandatuba, na Bahia, até Salvador, viajando a madrugada inteira para, no dia seguinte logo cedo, voar para a capital federal. Adelson contou que tentou convencê-la a não fazer isso, a jantar com ele, dormir por lá e partir somente no dia seguinte. Mas ela não cedeu. A única oferta que aceitou foi a de um transporte particular para levá-la até a capital baiana.

— Lembra disso, Marina?

Ela acenou positivamente com a cabeça.
Por mais de uma hora, Marina falou a um seleto grupo de líderes sobre o ecossistema que ela conhecia melhor do que ninguém naquela plateia. Sentada na ponta do assento da poltrona e com o laptop aberto sobre as pernas, comentou sobre os rios voadores, como são chamadas as correntes de ar carregadas de vapor que são conduzidas pelo vento e alastram a umidade da Bacia Amazônica para as outras regiões do território brasileiro. É um ciclo ininterrupto: os "rios voadores", constituídos de vapor, espraiam-se a longuíssimas distâncias, viram matéria líquida, que ajuda a encher os rios e umedecer as terras ao sul, mas, depois, voltam a ascender aos céus em estado gasoso. Um movimento que não podemos enxergar a olho nu, como tantas outras coisas inerentes à existência nesse planeta, mas que estão lá, fluindo, sem precisar de nossa interferência. Segundo Marina, graças a ele ha-

bitamos o Sul, Sudeste e Centro-Oeste do país, que só não são desertos, apesar de terem as mesmas características do Saara e do Atacama, por causa da Amazônia.

Ela explicou, ainda, a crise civilizatória que atinge todo o globo, a teoria do absurdo, as dimensões da sustentabilidade e o deslocamento do ideal do "ser" para o desejo de "ter", um fenômeno contemporâneo que distorce nossa fonte de felicidade. Mostrou que "sustentabilidade é uma maneira de ser, um modo de vida", conectando os desafios à atividade de todo e qualquer ser humano. Afirmou que se abster do problema e terceirizar a responsabilidade para um salvador imaginário não é nada além de ilusão, "e a gente adora se iludir". Usou expressões como "no meu entendimento" e "eu desconfio de que" para contextualizar todas as suas análises e opiniões. Sensibilizou o público para uma definição muito simples de ética e responsabilidade individual: "Todos nós temos interesse. Só não teríamos se fôssemos um quiabo. O interesse é um problema quando se impõe em prejuízo ao interesse do outro de forma ilegítima". Deu pistas de sua história de vida. Citou poetas, escritores, filósofos, cientistas e professores, de Shakespeare a Freud, mantendo todos os expectadores imóveis. Eu posso jurar que não ouvi um único espirro, sussurro ou ranger de poltronas, durante toda a fala firme e encadeada de Marina, uma oratória capaz de envolver, desconstruir e reformar mentalidades. Foi aplaudida de pé.

Naquela noite, durante o jantar, observei Marina e Adelson conversarem. Um diálogo à parte dos demais da mesa, como se não houvesse ninguém no entorno. Enquanto isso, em uma mesa formada na maioria pelo staff da IT Mídia, jantamos com um dos assessores de Marina, um engenheiro florestal que havia inicialmente trabalhado com ela no Ministério do Meio Ambiente, quando ela era ministra. A princípio, ele não quis aceitar o convite para assessorá-la, disse, por não ser aquela a sua profissão e atividade principal. Algumas "conversas do campo metafísico" depois, expressão que usou mais de uma vez para nos contar a sua trajetória e descrever processos do coração e da intuição, ele percebeu, enfim, que ela precisava de ajuda. Decidiu que se juntaria a ela novamente e, se fosse necessário servir café, ele também faria. Então, passou a palavra:

— E vocês, de que tribo vocês são?

Enquanto isso, Cássia agradava Gabriel, o caçula de 20 e poucos anos, que quando não tem a presença solicitada pelo pai, busca um lugar entre o pessoal da IT Mídia, onde até aquele momento realizava estágio em sua área de estudos, o direito, e outros departamentos, em uma experiência 360 graus. A mãe pede um beijo e diz que irá lhe tascar uma mordida.

— Mãe, você não vai fazer isso, tem um monte de cliente aqui – ele diz baixinho.

Ela apenas olha para ele, como se fosse agarrar um adorável filhote, e atesta:

— Gabriel é amado pelas meninas, cuidadoso, atencioso. Tem que ser muito boa para merecê-lo.

A verdade é que nenhuma mulher na IT Mídia desmentiria a mãe coruja. Todas se referem a ele como um xodó da empresa, um menino esforçado, que dá satisfação aos seus chefes, empenha-se na realização de suas funções e "nem parece filho de dono". Dizem que, durante o estágio, ele pareceu desmotivado com a redação de contratos e outras atividades tão menos divertidas do que, por exemplo, as ações criativas do marketing. Adelson incentivou o filho a ter paciência, mas foi mesmo o irmão mais velho, Victor, que convenceu o caçula a não largar a faculdade de Direito. O esforço surtiu efeito: Gabriel continuou o curso, ingressou em um importante escritório de advocacia e se encantou com a profissão.

Cássia maravilha-se com a soma de qualidades dos filhos e com o equilíbrio de potências que tanto Adelson esforça-se em buscar:

> ❝ Gabriel é todo emocional, calmo, coração total; Victor é bem mais racional e empreendedor. Brigam o tempo todo, mas se amam e são superdependentes um do outro. ❞

Mais tarde, para lá de meia-noite e quando praticamente todos os convidados já ocupavam suas cabines, um pequeno grupo se reuniu sobre o deck, dividindo copos de cerveja e a satisfação em ver um projeto de tanto significado ser concretizado. Gabi Vicari, braço criativo do chefe, solta ideias de como dar continuidade ao Leadership Academy e rentabilizar o evento. Adelson, que também participa do momento de descontração, apenas concorda, mais curtindo a empolgação da galera do que pensando no futuro:

— Tem uma oportunidade aí, sim.

Antes que Adelson se vá, pergunto, somente entre nós, sobre o que Marina e ele falavam durante o jantar. Ele não me negou o pedido, mas respeitou a privacidade da convidada e o sigilo de uma conversa de bastidores. Disse-me ter perguntado como ela enxergava, de fato, a gravidade de toda a crise política brasileira que estava instalada naquele momento. Queria checar se dela aflorava a mesma serenidade que havia demonstrado durante sua palestra. Confirmou que sim. Ele contou a ela sobre a viagem recente que fizera para Jerusalém, o centro da fé para as três grandes religiões monoteístas - cristianismo, judaísmo e islamismo. Acrescentou que se orgulhava de ver e conviver com a diversidade de crenças e culturas dentro da IT Mídia. Perguntou a opinião dela sobre o assunto. "É esse o caminho, temos que respeitar a todos e a todas as religiões", foi a resposta que recebeu dela.

Nos dias que se seguiram, o processo de aprendizagem e de entendimento empírico continuou, dando mais sentido às sessões de conteúdo que vieram por último, quando os influentes executivos da indústria de tecnologia no Brasil pararam para ouvir e produzir. Em um workshop conduzido pelo professor Claudio Boechat, da Fundação Dom Cabral, eles tiveram que simular um diálogo com a classe cidadã para elaborar soluções que atendessem as necessidades econômicas de um negócio, mas que também abarcassem os interesses de toda uma comunidade. Esse workshop terminou às oito da noite de um domingo, véspera de feriado, com engajamento total de todos os presentes. Ninguém havia abandonado o barco um só instante.

Quando o quarto e último dia de cruzeiro amanheceu, os sinais de voz e internet, pouco antes do desembarque, tinham retornado de vez. Mas acho que nem tudo estava exatamente igual ao momento em que havíamos embarcado naquele navio. Havia um olhar de mudança no rosto das pessoas, ou, ao menos, o meu olhar estava mudado. No instante em que o avião decolou de Manaus e sobrevoou a floresta, muitas pessoas se voltaram para suas janelas para observar o imenso carpete verde sobre a superfície abaixo, desenhada por rios e afluentes de diferentes extensões e contornos, como rabiscos elegantes sobre uma lousa. Na imersão no ecossistema da Amazônia, o estranhamento se manifestou a todo o tempo – no susto provocado pelos pequenos peixes que pulavam para dentro da lancha, no cuidado para não se sujar ou molhar, na tentativa de enxergar, na escuridão, os olhos brilhantes dos jacarés em repouso à margem do rio, entre outros episódios. Era como se a curiosidade e o fascínio pela vida selvagem esbarrassem em uma muralha de vidro, separando o observador do objeto. Separando-nos do indivisível. Havia uma mensagem não dita, um consenso velado entre os que vivenciaram aquela experiência: com tanta capacidade e disposição de nos conectarmos com o que existe fora de nós, nos afastamos das origens e da essência que habita cada indivíduo. Se alguém ainda tinha dúvidas disso, deixou de tê-las quando uma das passageiras, uma mulher de cerca de 45 anos e incansavelmente comunicativa, apareceu, no terceiro dia de cruzeiro, com um olho roxo. Ela havia participado de um dos passeios mais encantadores do roteiro de qualquer turista, o mergulho com os botos cor-de-rosa da Amazônia. Os relatos sobre o ocorrido fluíram com discrição e risadas abafadas pelo navio: o animal havia dado uma "cabeçada" no rosto da convidada. Um boto. Elegante. Fofo. Dócil.

Adelson não contribuiu para a repercussão sobre o fato. Provavelmente, você nunca o verá engrossar falatório algum sobre a vida alheia, por mais irresistível que ele seja. E também imagino os tantos pensamentos mais importantes que navegavam por sua mente naqueles dias. Quando se encontrou pela primeira vez com a floresta, na selvageria do garimpo, ele tinha o objetivo de preservar sua integridade física e de conquistar sua independência financeira. Mas, desta vez, já era um homem feito, dono do seu patrimônio e sua obra, anfitrião de sua própria embarcação. Parecia se sentir ainda mais resistente e vivo, como que tomado por rios voadores que espalham inspiração. Durante o voo para São Paulo, ele comentou:

"É muito bom poder oferecer essa experiência para as pessoas. Queria que os outros se sentissem transformados, como eu me sinto, e compartilhar coisas que a gente aprende pelo coração, não pela razão."

Capítulo 8

ATRÁS DAS PEGADAS DE PACAS

Região de Ivinhema (MS), 1989

Antes de pegar estrada, parei na casa de Cássia, naquela mesma noite, para me despedir. Ela insistiu para que eu ficasse, tentando me alertar para a impressão de que existia algo de errado na história que Marcos havia contado. Disse que estava com uma sensação estranha em relação àquela viagem. Mas eu não a ouvi, assim como já não havia atendido ao pedido de minha mãe para que eu ficasse, quando contei a ela sobre a partida. Marcos era meu amigo, afinal – o melhor deles, durante os anos em que viveu no Parque São Rafael. Comigo, ele se atirou às façanhas da adolescência, entre elas as corridas pela estrada velha de Santos de carrinho de rolimã e as incursões pelo interior de São Paulo, na busca romântica por independência e liberdade. É isso, estou falando do mesmo Marcos. Ele havia ido embora da cidade algum tempo antes, talvez três ou quatro anos, para morar com alguns parentes lá pelos lados do Mato Grosso do Sul, e não mais tive notícias dele ou da família durante todo esse tempo.

Quando ele voltou a São Paulo, eu já trabalhava com integração de computadores e tinha uma condição financeira melhor, apesar de ainda viver na mesma casa com meus pais. Depois do garimpo e da distribuição de alho, minhas economias cresciam, graças ao início do mercado de PCs no Brasil. Um dia, ele me procurou. Contou sobre a vida dele, que vivia com um tio na fazenda e que o ajudava com as atividades do campo. No segundo ou terceiro dia em que me visitou, perguntou se eu não queria vender o meu carro para ele – eu tinha um Puma amarelo, um carro nacional esportivo bastante desejado à época. Respondi que não estava à venda. Porém, os dias passaram e ele continuou insistindo:

— Você me vende seu carro e aproveita para ir comigo para o Mato Grosso, conhecer meus tios e passar um tempo lá comigo. Depois, você vem embora de ônibus.

Ele dizia que tinha guardado, em casa, o dinheiro para me pagar pelo carro.

Marcos me perturbou com aquela história todos os dias, por mais de uma semana, que antecederam a nossa partida. Acho que, por causa dessa pressão toda, acabei me convencendo. E, assim, saímos de São Paulo por volta das onze da noite, viajando a madrugada inteira pelas Rodovias Presidente Castelo Branco e Raposo Tavares, passando por Presidente Prudente com o dia já amanhecendo. Paramos em Álvares Machado, na casa da avó de Cássia, que ainda vivia na região, para tomar café da manhã. Fomos tocando. Cruzamos o Rio Paraná, na fronteira entre São Paulo e Mato Grosso do Sul, passamos por Nova Andradina, principal cidade do Vale do Ivinhema, e chegamos à cidade de Ivinhema por volta das onze ou meio-dia, para um almoço rápido. Então, seguimos para aquele que seria o último trecho de nossa viagem, mais 100 quilômetros até Naviraí pela MS-141, uma rodovia evitada, naquela época, por quem tinha juízo ou outra opção. O pessoal do interior de São Paulo ouvia histórias horríveis sobre assassinatos, justiça individual e a truculência da polícia no Mato Grosso do Sul. Mas eu não imaginei, em momento algum, que me tornaria vítima. Muito menos da forma que foi.

Quando nos aproximamos do cruzamento com o Rio Guiraí, a cerca de 35 quilômetros de Ivinhema, Marcos, que já conhecia o caminho, falou:

— Logo mais à frente vai ter uma ponte sobre o rio. Vamos descer para molhar o rosto?

Eu achei uma boa ideia. Estava mesmo muito quente. Ao cruzarmos a ponte, estacionei o carro na estrada, afinal, ninguém passava por ali mesmo. Tiramos as camisetas e ficamos os dois só de shorts. Da pista, descemos por um barranco levemente inclinado até chegar a uma pequena praia de areia branca, à margem do rio, um lugar cercado por uma mata baixa, mas densa. Marcos chamou minha atenção para as marcas no chão:

— Nossa, Adelson, olha! Tá cheio de pegada de paca.
— Paca? – e virei as costas para olhar.

Foi quando senti uma faca entrar no meu pescoço.

*

Marcos era polêmico. Uns gostavam dele, outros não. Alguns o chamavam pelo apelido de "vamp", por causa dos dentes pontudos. E todo o mundo sabia que ele tinha problemas de relacionamento com a mãe e discussões frequentes com o irmão. Um dia, acabou indo embora, não sei bem se antes de eu ter partido para o garimpo ou depois que retornei. A mãe dele também se mudou para outra região do bairro, já não mais próxima de minha casa. Então, perdemos totalmente o contato.

Dos 14 aos 18 anos, mais ou menos, Marcos e eu fomos amigos inseparáveis. Eu não era tão rebelde quanto ele, mas havia uma identificação mútua. Éramos aventureiros, parceiros de surf, inquietos e realizadores. Se um falava "vamos fazer", o outro não questionava. "Vamos". Não tínhamos dinheiro para quase nada, mas conseguimos, de alguma forma, comprar uma prancha. Quando o final de semana chegava, descíamos de ônibus para Itanhaém, no litoral sul de São Paulo – isso depois de termos aposentado os carrinhos de rolimã. A gente não tinha como pagar hotel, é claro, mas isso não era motivo para ponderações. Bastava levar um cobertor enrolado em volta da prancha, guardá-los dentro da capa e partir. Muitas vezes, fizemos fogueira na praia e ficamos ali conversando até tarde. Outras pessoas acabavam se juntando a nós e, na hora de dormir, estendíamos o cobertor sobre a areia, nos deitávamos sobre uma parte dele e, com a outra, nós nos cobríamos. A gente prendia o *lash* na perna para ninguém roubar a prancha. Também cansamos de ir para a represa Billings pescar. Passávamos o dia inteiro por lá, levando uma panela e sal para fritar o nosso próprio peixe.

A grande diferença entre nós era que trabalhar e lutar pelas coisas nunca foi o forte de Marcos. Ele chegava a fazer alguns bicos, mas nada sério, nada recorrente. Nunca foi um cara de produzir. Também arrumava briga, vez ou outra, quando juntava a turma para ir à Sunshine, a baladinha da região, aos domingos. Nada além disso. Coisa de garoto rebelde e que não consegue se encontrar na vida. Mas eu adorava o Marcos.

Por duas vezes, ele me salvou. O primeiro episódio foi no mar. Surfar não passava de uma brincadeira para dois garotos da cidade que não cresceram dentro dessa cultura. Então, um dia, o lash da prancha se enrolou na minha perna e eu me atrapalhei. Quase me afoguei, não fosse o Marcos a me tirar do sufoco. A outra ocasião foi em Minas Gerais, quando pescávamos à beira de um rio. Quando vimos que aquele lado não estava para peixe, pensamos em atravessar a correnteza para a outra margem. Eu pulei na água com as varas e acabei me complicando, novamente perdendo o controle da situação. Ele me socorreu.

Por duas vezes, ele me salvou. Livrou-me da força e da soberania das águas, que teriam me arrastado para lugares que eu nunca conheci.

Jamais eu poderia imaginar que o mesmo Marcos tentaria, um dia, me apunhalar pelas costas e me tirar a vida. E, se eu não conhecia, até então, o amargo de uma traição, tive que experimentá-lo em seu extremo. Mas, naquele momento, as águas haviam escolhido a mim. Elas estavam ao meu favor.

*

Eu senti a faca cortar a minha pele, rasgar músculos e atravessar o que mais encontrasse pela frente. Então, foi puxada para fora novamente. Eu me lembro do medo, mas pouco me recordo da dor. Eu sei que ela estava lá, mas, seguramente, não é ela que mais aflige você diante da iminência da morte. Foi tudo muito rápido. Eu me virei, olhei para ele e gritei:

— Marcos, por que você quer me matar?
— Eu preciso te matar!

Ele tentou me dar outro golpe, mas, antes de conseguir me esfaquear de novo, eu segurei o braço dele. Ele recuou e, imediatamente, eu pulei no rio.

A distância entre as margens era razoavelmente estreita, em torno de 40 metros, talvez. Enquanto eu nadava, buscando o outro lado do rio, a fraqueza começou a se instalar no meu corpo rapidamente, ao mesmo tempo em que os pensamentos inundaram o momento. Pensei em Cássia. Estávamos apaixonados, namorando há pouco mais de um ano e tínhamos uma vida inteira para construir juntos. Eu vi tudo pela frente e toda a vontade que eu tinha de viver se transformou em recusa. Eu não aceitei a morte.

Quando mergulhei na água, ele pulou atrás de mim. Nadei a favor da correnteza e consegui chegar primeiro à outra margem, próximo à ponte. Aos tropeços, subi a ribanceira até alcançar a ponte novamente e atravessá-la, para onde o carro estava estacionado com a chave no contato. Eu tinha que fugir. Entrei no Puma pela porta do motorista e virei a chave. Naquela época, os veículos ainda eram equipados com carburador, sistema de alimentação anterior à injeção eletrônica e que fazia mecanicamente a mistura de ar e combustível para a combustão. Tomado pelo pânico, acelerei antes da hora e acabei afogando o motor. O carro não pegou. Tentei girar a chave de novo, de novo e de novo, então Marcos arremessou uma pedra grande contra o vidro do motorista e o quebrou. Ainda tenho uma cicatriz no cotovelo esquerdo que ora penso ser do ferimento causado pela pedra, quando tentei me proteger, cobrindo o rosto e a cabeça com os braços, ora imagino ser consequência das ações que vieram a seguir.

Minha reação foi a de pular para o banco do passageiro e escapar pela outra porta. Eu gritava, implorava ao Marcos para que ele não me matasse, e ele insistia, também exaltado, que precisava fazer aquilo. Acho que, do mesmo jeito que a vítima, como alvo de um assassino determinado, é tomada pelo desespero, ele também pode entrar em pânico e deixar escapar a frieza sobre a situação. Talvez Marcos tenha perdido o controle de seu plano. Não deve ter acreditado quando consegui sair do carro e pular de cima da ponte.

De uma altura de cerca de 8 a 10 metros, me joguei no rio novamente. Eu me lembro da correnteza e que nadei por uns 50 metros, talvez, até uma curva que formava quase que um cotovelo e desaparecia por trás da mata. E lá me escondi, me arrastando com muito esforço para fora da água e sobre o solo úmido e argiloso. Eu já não tinha a vista da ponte, mas sabia que dela ele não havia pulado.

Por algumas vezes, em minha vida, senti uma conexão com Deus. Nada, no entanto, se compara àquele momento. O sangue transbordava pelo corte no pescoço e por outros ferimentos menores que havia adquirido durante a perseguição, assim como a força física vazou completamente do meu corpo. Só que a vontade de viver falava muito forte, provocando uma descarga de energia e luz que a gente nem sabe que existe dentro de nós, até precisar dela. Eu estava só de shorts, então, tirei a cueca e a cortei com os dentes, abrindo o pedaço de pano ao meio. Peguei um punhado de argila, de tom esbranquiçado, pressionei a porção contra a ferida e amarrei a cueca em volta do pescoço, formando uma espécie de torniquete para diminuir o sangramento. Também coloquei um pouco de barro no cotovelo e o segurei com a outra mão. E assim me mantive, em silêncio e comunhão com a vida, escondido na mata.

É interessante porque, falando assim, pode até parecer que essa série de ações foi fruto de um raciocínio descomunal, ainda que eu estivesse envolto pela lama do pânico. Só que eu lhe garanto: não foi nada disso. Na verdade, a lógica pode ser um artifício bastante inútil quando a morte está querendo você.

Eu escutava Marcos gritar ao longe:

— Adelson, pelo amor de Deus, eu não sei o que eu fiz. Sai daí que eu vou te levar para o hospital!

A voz e o som dos passos na mata se aproximavam. Estavam cada vez mais perto. Chegaram muito perto. Eu diria que estiveram a menos de cinco metros de mim. Ele me procurava o tempo inteiro, insistindo que estava arrependido e que eu poderia aparecer, que não me faria mais mal. Então, depois de alguns minutos que eu não sei dizer exatamente, escutei o motor do Puma ligar e o carro ir embora. A tentativa de estancar o sangramento havia ajudado, mas eu ainda sangrava muito. Eu estava confuso. Será que Marcos tinha mesmo partido? E se ele estivesse escondido em algum lugar? Talvez devesse permanecer aqui até o anoitecer, pensei. Mas, se ficar, vou morrer esperando, e isso é um fato. Não vou aguentar muito mais tempo. O que faço?

Fisicamente, estava tudo acabado para mim. Eu podia sentir esse colapso na quantidade de sangue que escorria pelo meu corpo, no cansaço que vinha de dentro para fora e, também, no lento apagar da chispa de vida dentro de mim. Eu simplesmente sabia que estava morrendo. Assim, me vi diante da decisão de ficar e me entregar à fatalidade, ou abandonar o esconderijo e correr o risco de encarar meu assassino. Ainda que ele já estivesse longe, as chances de alguém aparecer naquela rota desolada e me socorrer eram míseras. Elas eram, porém, as únicas que me restavam.

Levantei-me do chão. Dei um passo e tombei. Foi assim, lutando para me erguer sobre as pernas e dar um passo de cada vez, caindo repetidas vezes, que segui o caminho em direção à ponte. Eu me lembro do calor violento que fazia naquele dia. O tempo todo eu pedia para Deus. O tempo todo eu clamava pela sorte de viver e de voltar para Cássia. Finalmente, consegui alcançar a beira da estrada e, ao pisar na areia da pista, senti meus pés queimarem. Olhei para esquerda e, ao longe, avistei um carro vindo naquele sentido, um veículo de cor prata chumbo se movendo pela linha reta da rodovia. Então, caí de joelhos. Abri os braços, fechei os olhos e esperei.

O carro parou. Um rapaz de uns 30 e poucos anos dirigia. Posso vê-lo na minha frente como se fosse hoje: um rosto arredondado, bem marcado, cabelo preto volumoso, um pouco ondulado. Eu poderia reconhecê-lo agora mesmo, quase trinta anos depois. Com ele, estavam outros dois jovens, que saíram do carro e me colocaram para dentro, no banco da frente. Eles me pediam para falar, para não dormir. Queriam me manter acordado. E eu fui contando o que havia acontecido aos detalhes, usando a reserva de força que me restava para garantir que alguém soubesse o que havia se passado comigo. Que pudesse passar a história adiante se eu perdesse de vez a consciência. O homem na direção me acalmava, me confortava, embora eu não me lembre exatamente do que ele dizia. Quando chegamos ao hospital em Ivinhema, algumas pessoas me colocaram na maca. Uma moça veio, pegou minha mão e começou a falar comigo, me tranquilizar. Levaram-me para uma pequena sala cirúrgica, com infraestrutura bem simples. A moça continuava de mãos dadas comigo. Dois médicos ou enfermeiros, não sei bem, conversavam. Ouvi um comentar com o outro: "como é que ele está vivo?". A facada passou por um triz da aorta e, por pouco, não a cortou. A moça dizia que eu iria ficar bem. Depois disso, eu apaguei.

Fui acordar muito tempo depois, já quase surgindo o dia seguinte. Eu sentia um medo visceral, penetrante e muito real. Temia que Marcos voltasse para terminar o que havia começado. Rapidamente, a enfermeira se aproximou.

— Ele vai voltar pra me matar! – eu gritava.
— Não vai, ele não vai – ela me confortava.

O delegado também apareceu por lá e me garantiu que nada mais me aconteceria. Então, caí no sono novamente.

Despertei, já no outro dia, desta vez realmente acordado e mais lúcido. A polícia estava lá. Disseram que minha família havia sido avisada e que estava a caminho. Isso porque eu havia contado toda a história para o homem que me resgatou e deixado o telefone de casa. Também disseram que Marcos havia sido encontrado em Naviraí com o carro e que estava preso. Um tio meu recomendou que eu deixasse logo a cidade, afinal, ninguém sabia o motivo pelo qual Marcos tinha feito aquilo, ou, ainda, se outras pessoas estavam envolvidas no ato dele. A polícia me levou até Dourados e, de lá, peguei um avião para Presidente Prudente, onde passei vários dias para me recuperar na casa da tia Sebastiana e do tio Virgininho.

Ainda no hospital, perguntei pela enfermeira que me ajudou, a moça gentil e carinhosa que segurou a minha mão e permaneceu ao meu lado até que eu perdesse a consciência. Disseram-me que não havia nenhuma moça comigo.

*

Hoje, consigo contar essa história e me manter firme. Mas não foi um processo simples. Tanto que, quando decidi retornar ao local da tentativa de homicídio, em 2016, os mais próximos desacreditaram: "mas para que você vai fazer isso?".

A verdade é que nunca me interessei em revirar essa história, tirar satisfação ou, muito menos, me vingar de Marcos. Depois que me recuperei fisicamente, pedi à minha família que eu não precisasse retornar a Ivinhema para prestar depoimento. Fiz isso no fórum João Mendes, no centro de São Paulo, mas não chegou a haver um julgamento. Não tomei mais nenhuma ação para isso. Decidi tocar a minha vida e me livrar daquele passado. É certo que Marcos foi preso e, algum tempo depois, liberado. Um dia, meu pai me contou que ele tinha morrido em um acidente de carro na Castelo Branco. Perguntei: "você tem certeza?". Ele afirmou que sim.

Mazinho e Álvaro, tios de Cássia, e meu tio Virgininho, todos da região de Prudente, foram os três mosqueteiros, como hoje brincamos, que voltaram a Ivinhema para resgatar o Puma, que fora apreendido pela polícia. Levaram consigo uma espingarda porque, no Mato Grosso do Sul, naquela época, não dava para confiar em ninguém, lembra Mazinho: "nem a polícia lá era direita". Ter permanecido em Prudente, semanas após a ocorrência, junto de minha família, me ajudou a superar a sensação de que eu poderia perder a vida a qualquer momento, de que eu estava exposto e desprotegido em qualquer lugar. É o tipo de medo que se instala na memória de cada célula do corpo e você jamais poderá se esquecer de como ele pulsa. E, quando você pensa que o superou, a verdade desperta e lhe convida para um teste de resiliência e de capacidade de enxergar. Eu me tornara um sobrevivente, uma experiência que afetaria outros tantos episódios de minha vida sem que eu me desse conta disso, me levando ao limite das coisas para provar a mim mesmo que estou vivo. Rosana, minha terapeuta, me alertou:

— Não adianta só voltar à cena. Precisa voltar se permitindo sentir tudo o que sentiu uma vez.

Mais do que encarar a verdade e resolver de uma vez o que me consumia silenciosamente, enfrentar novamente aquele local e as lembranças nele gravadas seria um ponto de renovação. A reconexão com a história e com as águas que me carregaram me forneceu uma carga de energia relativamente proporcional ao medo de não ter mais uma chance sobre esse planeta. Senti a vida ao mergulhar os braços no rio e ao segurar a terra encharcada às suas margens.

Eu estava livre. Havia sido salvo por um rio. E, também, por um padre.

Capítulo 9

UM ENVIADO DE DEUS

Ivinhema (MS), junho de 2016

É dia de Nossa Senhora de Fátima. Adelson escolheu especialmente essa data para o retorno a Ivinhema. Saímos de Presidente Prudente por volta das oito da manhã, sentido à BR-267 e à divisa com o Mato Grosso do Sul, cruzando o estonteante Rio Paraná sobre a ponte Hélio Serejo, com uma extensão de mais de 2.500 metros.

— A cor dele lembra o Mar da Galileia, né, amor? Só que é bem maior – ele comenta com Cássia, recordando a recente viagem que fizeram para Israel.

Adelson saca de sua bagagem de referências todo o trajeto do rio até desaguar no Rio da Prata. Explica que as águas estão mais claras do que o normal, pois não estamos em período de chuvas. Ele gosta de compartilhar o que sabe e isso ocorre com bastante frequência. Tem informações à mão sobre todos os lugares por onde passamos, como uma enciclopédia de conhecimentos adquiridos mais por suas andanças do que por leituras no conforto de uma poltrona.

— A estrada é a mesma, não mudou nada – ele diz.

O cenário, de São Paulo ao Mato Grosso do Sul, sofre uma vertiginosa mudança, para um cerrado descampado, com pouquíssimos traços de vegetação nativa. Lavouras e pastos, com animais robustos e soltos por vastas áreas, dominam praticamente todo o nosso percurso. Beirando a estrada reta e de mão única, surgem árvores frutíferas isoladas, entre elas mangueiras de troncos fortes e largos, como as de Álvares Machado. Mas elas estão sempre sozinhas, ilhadas pelo mar verde da devastação. Marcos fora assunto da viagem desde o dia anterior, quando chegamos em Prudente, e todas as horas passadas desde então foram, na realidade, um longo período de expectativa para o encontro mais esperado. O clima bucólico, naturalmente tranquilizador, perdeu espaço para a tensão à medida que nos aproximamos de Ivinhema.

— Vai dando um... – sussurrou Adelson, sem completar a frase.

A partir daí, não podia mais conter o choro. O rio de sua memória, agora, vertia o instante que não queria ter vivido, ora sem barreira, solto e incontrolável, ora silencioso e reprimido.

*

Dia de Pentecostes. Uma das celebrações mais importantes na tradição católica, simbolizada pela descida do Espírito Santo sobre os apóstolos e seguidores de Jesus Cristo. Ocorre no sétimo dia após a ascensão do Messias, completados cinquenta dias depois de sua morte e ressurreição. A força do fogo e do vento que marcaram a ocasião permeia tanto o Novo quanto o Antigo Testamento, atribuindo ambas as manifestações à ação e ao controle de Deus: "Eu os reduzi a pó, pó que o vento leva. Pisei-os como à lama das ruas" (Salmos 18:42) e "O Senhor fará secar o golfo do mar do Egito; com um forte vento varrerá com a mão o Eufrates e o dividirá em sete riachos, para que se possa atravessá-lo de sandálias" (Isaías 11:15), registrou o Velho Testamento.

Porém, o dia era de sol e temperatura agradável quando chegamos em Ivinhema, buscando, primeiramente, pela igreja, o lugar mais fácil de se localizar em uma cidade do interior. Encontramos um edifício já mais moderno, térreo e de muros altos e brancos. Lá, duas voluntárias preparavam a decoração para a festa de Pentecostes, entre elas, Vanda, moradora da cidade há mais de trinta anos, solteirona, como ela mesma descreve, mas fazendo questão de nos contar que já aproveitou muito a vida. Adelson conta o motivo de nossa visita e descreve o rosto do homem que o salvou e, ainda no hospital, tomou conhecimento de que era o padre de Ivinhema. Ela pergunta se era um alemão. Ele diz que não. Ela pensa, levando a mão ao queixo. Parece ter um "suspeito". No site da paróquia, há uma lista de párocos que já passaram pela cidade, com seus respectivos anos de missão. Pela data do atentado contra Adelson, o padre é João Volmir dos Santos. Adelson olha para a foto mais recente do padre e o reconhece, confirmando a suspeita de Vanda.

— Se fosse o alemão, não pararia para te salvar, não. Ele ficaria com medo – brinca nossa anfitriã.

Há alguns anos, Volmir se mudou para a Itália, mas, sempre que ele visita a cidade, o que ocorre esporadicamente, é uma festa danada, conta Vanda.

Nossa missão não resultou no encontro que pretendíamos, mas ter chegado perto de rever o homem que o salvou amansou as expectativas de Adelson. A história começava a se materializar na voz de outras pessoas, confirmando a sua memória solitária e, até então, sem testemunhas. Tudo, enfim, foi mesmo real. Padre Volmir não estava presente, mas ele existia e carregava com ele, onde quer que estivesse, a experiência que vivenciaram juntos. Além disso, estávamos com sorte: a igreja deveria estar fechada naquele sábado; só tinha as portas abertas porque as mulheres estavam trabalhando na organização da festa de Pentecostes.

Antes de nos despedirmos, Vanda explica como chegar ao hospital, nossa próxima parada. Adelson agradece a ela pela ajuda e ela, por sua vez, deseja a ele boa sorte em sua busca.

O Hospital Santa Maria funciona em um edifício térreo, uma casa de quantidade generosa de cômodos, mas com estrutura simples, como tudo em Ivinhema. Adelson conta à recepcionista uma versão resumida do motivo pelo qual está ali: rever as pessoas que, um dia, o salvaram. Sem se impressionar com o relato, ela pergunta: "Você não tem os registros do atendimento? Porque até tem uma sala ali com as fichas, mas é bem difícil de achar". É evidente que ela não tem a menor intenção de vasculhar aquele que deve ser um depósito de papéis velhos e mofados, empilhados de qualquer forma e armazenados em gavetas fantasmas. Pergunto se ali ainda trabalha algum enfermeiro que já era funcionário trinta anos atrás. "Tem o Eurico", ela diz e, então, nos passa um número de celular.

Adelson liga para ele. Em menos de dez minutos, um carro se aproxima e estaciona na frente do hospital. Desce do veículo um homem de calça, camisa e sapatos brancos, em torno de 60 anos de idade. Adelson vai ao encontro dele e eles se cumprimentam com um aperto de mãos, enquanto Eurico pergunta:

— Você que foi trazido pelo padre?
— Sim, fui eu – Adelson confirma.
— Você não ficou com nenhuma sequela?

Sorte. Certamente, ele teve sorte, Eurico confirma, embora não se recorde dos detalhes do atendimento ou do quadro de Adelson, somente que o ferimento, por pouco, não cortou a principal artéria do corpo. O enfermeiro sugere que atender um rapaz gravemente ferido não costumava ser um episódio tão raro naqueles dias. Adelson o agradece por ter cuidado dele e mostra na tela do celular as fotos dos filhos Victor e Gabriel, já moços, como prova de que ele havia agarrado a chance de viver. Ao se despedir, envolve o senhor de olhos cansados em um abraço largo e vibrante, como a reação espontânea de um menino que acaba de receber um presente.

A viagem segue. Na rua mais movimentada de Ivinhema, um centro comercial, um jovem distribui o CD de uma dupla sertaneja que é o sucesso atual da região, as irmãs gêmeas Mayara e Maraísa, estrelas de Ivinhema e arredores. Cássia coloca o álbum para tocar.

Garçom troca o DVD
Que essa moda me faz sofrer
E o coração não guenta
Desse jeito você me desmonta
Cada dose cai na conta e os dez por cento aumenta

Ai cê me arrebenta!
E o coração não guenta
E os dez por cento aumenta

O momento mais importante de nosso roteiro se aproximava. Antes de pegar estrada, paramos, ainda, na delegacia da cidade, mas o delegado encarregado diz não se lembrar exatamente de quem estava no comando em 1989. Escorregando o mouse pela tela de seu computador, explica que os registros estão todos digitalizados agora; no entanto, os documentos anteriores a 2007 foram descartados na ocasião da implementação do novo sistema. Em outras palavras, a história havia sido jogada no lixo, como se nunca houvesse existido, e não nos restava nada a fazer naquele lugar.

Adelson respira mais profundamente ao seguir em direção à MS-141, tomando o trajeto para Naviraí. Hoje, uma rodovia asfaltada, com entorno mais explorado e ocupado. Ainda assim, não deixa de ser um território remoto. Pela linha reta e plana, acompanhamos uma plantação de cana de açúcar que parece nunca ter fim e, do outro lado da estrada, uma usina gigantesca. A vegetação é quase inexistente, exceto pelas florestas de eucalipto e por poucas árvores sobreviventes. Adelson dirige atento e vagarosamente, certo de onde está e de que estamos chegando perto. Então, avista a ponte sobre o Rio Guiraí.

— É aqui – ele confirma.

Os carros nos ultrapassam em alta velocidade e Adelson sai da pista por uma passagem de terra estreita e escondida que leva a uma casa. Ali estaciona. De cima da ponte, ele examina o cenário em 360 graus e reconstrói, em voz alta, a sequência de ações e passos da cena de perseguição, conferindo a memória e descobrindo que ela havia sido fiel à verdade durante todos esses anos.

A ponte é nova, como observa Adelson, reconhecendo, bem ao lado da obra mais recente, os pilares, com base de madeira, da antiga estrutura de onde pulou. Ele também conta que a mata era muito mais cheia do que hoje, embora a vegetação, à beira do rio pareça razoavelmente preservada. Pela cabeceira da ponte, descemos por uma trilha até a praia de areia branca, exatamente como os jovens haviam feito anos antes, com Adelson à frente reproduzindo os passos de outrora. Cássia fica para trás, observando sem pressa os arredores. Adelson chama por ela, com a urgência de quem fez uma descoberta:

— Lembra que eu te falei sobre as pegadas de paca? – ele diz, apontando para um caminho traçado no chão pelo contorno das patas de um animal, com quatro dedos longos e arredondados.

As pegadas estavam lá.

Desse momento em diante, Adelson se recolheu. Como se o raciocínio congelasse e não houvesse mais o que dizer. Ele se afastou, seguindo sozinho por uns 30 ou 40 metros adiante, chegando próximo à curva para onde nadou até sair do campo de vista de Marcos, após pular no rio pela segunda vez. Lá se agachou, à beira d'água, e molhou o rosto, os cabelos e o pescoço. Então, caiu de joelhos no solo, com os braços erguidos acima da cabeça e as palmas voltadas para cima. Cássia não o seguiu. Observou de longe, quieta e estável, como quem tem as emoções e as situações sob controle. Ali, esperamos. O silêncio se fez denso, interrompido apenas pelo barulho apressado e espaçado dos automóveis, e também dos sons da mata – macacos, pacas, aves.

Não sei quanto tempo se passou, talvez quinze ou vinte minutos, até Adelson se levantar e retornar em nossa direção a passos suaves e passivos, como dificilmente alguém o verá caminhar na vida. Cássia mostrou-se à sua espera, de pé, firme feito uma rocha, mas com um olhar amoroso, e segurou Adelson nos braços enquanto ele pranteava o rio de suas lembranças. Permanecemos ali por pouco mais de uma hora e, antes de retornarmos à ponte, Adelson agachou-se para tocar o rio por uma última vez. Era uma despedida.

— Que cheiro bom. Essas águas me salvaram – disse.

Ao reverenciar o rio, estava claro que, para ele, aquele não era somente um rio, mas uma fonte da vida, o movimento primordial da natureza, a origem de todos os fenômenos e a existência em estado pleno, feito do momento presente e nada mais. Em seus vastos e poéticos estudos sobre a água, Leonardo da Vinci descreveu que "a água é às vezes afiada e às vezes forte, às vezes ácida e às vezes amarga, às vezes doce e às vezes densa ou fina, às vezes é vista trazendo sofrimento ou peste, às vezes é saudável e às vezes venenosa. Ela sofre mudança em tantos estados quanto os diferentes lugares por onde passa. E assim como o espelho muda de acordo com a cor de seu sujeito, ela se altera com a natureza do lugar, tornando-se ruidosa, laxante, adstringente, sulfurosa, salgada, tom de carne, pesarosa, furiosa, irritada, vermelha, amarela, verde, preta, azul, gordurosa, corpulenta ou fina. Às vezes, inicia uma conflagração, às vezes extingue uma; é quente e fria, leva embora ou mantém, remove ou acumula, rompe ou estabelece, enche ou esvazia, levanta-se ou enterra-se, acelera ou é imóvel; é a causa por vezes de vida ou morte, ou aumento ou privação, por vezes nutre e por outras vez o contrário; por vezes tem um sabor distinto, por vezes é sem sabor, às vezes inundando vales com grandes enchentes. Com o tempo e com a água, tudo muda". E as águas que carregaram Adelson para longe de seu traidor tinham forma, direção e distinção. Tudo estava mudado. A correnteza também havia levado todo resquício de medo ou irresolução.

Sob o sol quente e com o suor escorrendo pelo corpo, Adelson abriu o porta-malas do carro e de lá tirou um vinho e três taças. Sugeriu um brinde. Um brinde à vida. Deu sua palavra de que faria daquela experiência o alimento para as realizações que planeja para o futuro. O líquido morno desce pela garganta, enrosca-se em um leito seco e o ritual está completo.

Por volta das quatro da tarde, entramos no carro. Adelson acelera na estrada, sentido Ivinhema e Nova Andradina, onde, segundo nosso roteiro inicial, passaríamos a noite para descansar e, somente no dia seguinte, retornar a Presidente Prudente – uma viagem de mais de 300 quilômetros. No entanto, ele já tinha refeito os planos em sua mente. Eu desconfio de que já havia tomado uma decisão, mas que disfarçou sua escolha de possibilidade, como ocasionalmente o faz quando deseja que as pessoas concordem com ele. O que, muitas vezes, dá certo.

— Tenho uma proposta para fazer a vocês – ele diz, criando alguns segundos de suspense. — Vamos voltar hoje mesmo para Prudente?

Cássia consente. Afinal, não havia mais nada a fazer ali. Existiam provas suficientes de que a vida vencera.

*

> **23 de março de 2017**
>
> Tenho uma notícia que você vai gostar. Olha só quem eu finalmente encontrei:
>
> "Obrigado pela notícia, fico feliz por saber que o jovem está bem. Meu contato telefônico é 00xx------------.
>
> Padre Volmir (don Giovanni Dos Santos)"

Adelson se emocionou ao saber que, enfim, ele havia feito contato, após inúmeras tentativas de levar minha mensagem até ele pelas redes sociais. Por meio de um membro da Piccoli Fratelli del SS.mo Sacramento (Congregação dos Pequenos Irmãos do Santíssimo Sacramento), irmandade da qual padre Volmir é fundador em terras brasileiras, o pedido alcançou seu destino: "Tenho uma mensagem muito importante de um amigo dele no Brasil. Agradeço se puder me ajudar". Assim que recebi seu número, peguei meu laptop e o apoiei sobre as pernas, conectei o Skype e disquei, sem me atentar para o fuso horário ou ponderar se aquele seria o momento adequado para abordar um padre. Ele atendeu.

— Padre Volmir?
— Sì.
— Aqui é a jornalista que fez contato a respeito do menino que o senhor resgatou na estrada para Ivinhema, trinta anos atrás.
— Como vai? Então, ele está bem? – ele pergunta, com marcas da acentuação italiana.

Há mais de seis anos, Padre Volmir tornou-se pároco de uma comunidade italiana na montanha, conhecida como Acquasanta Terme, um vilarejo com pouco mais de três mil habitantes localizado na província de Ascoli Piceno, ao centro do país. Abraçou uma missão de sua congregação e mudou-se para a região para estudar e acompanhar jovens seminaristas. Uniu-se a um povo "terremotado", como ele define, lembrando um tremor recente, um dos mais fortes que atingiram a Itália nos últimos 300 anos, que até fez rodar a torre da basílica.

❝ Todos os dias tem um terremoto aqui. Agora mesmo está tendo um. Já perdemos igreja, outras construções... a igreja matriz eu não posso abrir, está fechada. Rezo a missa agora numa tenda de lona. ❞

Ele conta que a comunidade precisou se unir diante das adversidades, e muitos se mudaram para perto do mar, depois de terem perdido suas casas. Ele, em contrapartida, não pretende sair de lá. Diz que o medo de terremoto já passou.

Peço para que me conte como tudo aconteceu no dia em que resgatou Adelson:

❝ Eu nem me recordo de quantos anos tinha. Eu acho que 25 ou 26. Eu era padre novo e aquela era uma paróquia muito perigosa, um território onde se matava e roubava muito, por ser rota para o Paraguai. Chamavam a estrada de caminho da morte. Naviraí era uma terra maldita, ninguém andava nas ruas à noite. Eu tinha medo de ser morto, porque, naquela época, matavam-se muitos padres. Houve uma invasão dos sem terra em uma propriedade da Someco e algumas pessoas me ameaçavam, porque diziam que eu estava do lado dos pobres. Quando vi o menino na estrada, falei: 'meu Deus, será que é uma armadilha? Será que alguém está se fazendo de ferido?'"

Padre Volmir já havia escapado de uma emboscada, graças à sua própria santidade. Ele dirigia para Dourados, no Mato Grosso do Sul, quando avistou um homem parado na estrada com uma moto. Logo que se aproximou do sujeito, revelou que era padre e perguntou como poderia ajudá-lo. O rapaz disse que a gasolina da moto tinha acabado. Então, o pároco ofereceu uma carona até um posto de gasolina. Tempos depois desse episódio, os dois se reencontraram na cadeia pública da cidade: um sacerdote com a missão de fazer o bem e um criminoso pagando por seus atos. Foi nessa ocasião que o suposto malfeitor lhe contou que o plano, naquele dia em que se conheceram, era roubar e assassinar a primeira pessoa que caísse em sua armadilha. Só não o fez porque soube que se tratava de um padre.

Com a consciência de que o perigo rondava atentamente aquelas terras condenadas, dá para entender o dilema que padre Volmir enfrentou ao ver Adelson ensanguentado, implorando por ajuda no meio da estrada. Ele havia saído de Ivinhema e seguia para Naviraí, para se juntar a um grupo de oração. Então, avistou o rapaz ajoelhado, com as duas mãos para o ar, como quem pede pelo amor de Deus para viver. "Mal não vai fazer", pensou, e resolveu aceitar a dúvida, encarando com fé e bravura as condições inóspitas do caminho da morte. Disse ao menino para entrar no carro, deu a volta e retornou para Ivinhema, direto para o hospital.

Pergunto a ele qual era a gravidade do estado de Adelson quando o encontrou e, também, o que ele contou durante o trajeto até Ivinhema:

❝ Eu não entendia muito do aspecto físico de uma pessoa ferida, não sabia a gravidade, mas pensei na morte. Ele estava muito branco e agitado, machucado. Dizia que tinha perdido muito sangue, que havia entrado e escapado pelo rio e se escondido no meio da mata. Falava 'me tira daqui', 'me salva pelo amor de Deus'. Estava fora de si, não bem em desespero, mas como quem está vendo a morte. Disse que foi um assalto e que o amigo tentou matá-lo. Mas não dava mais para entender a história e não prestei muita atenção nela, porque estava preocupado com a vida dele. Eu sabia que ele estava a ponto de morrer. ❞

No hospital, padre Volmir esperou por notícias do médico, até saber que o menino já estava fora de risco. Então, alguém o orientou a comunicar o ocorrido à polícia, mas ele, aparentemente confuso com o que poderia ser real ou ilusório nas pílulas de história que havia assimilado, disse que só resgatara o rapaz no momento em que ele estava para sucumbir aos ferimentos. Um processo judicial foi aberto e o juiz o convocou para confirmar o relato. Foi nessa hora que teve a impressão, conta o pároco, de que a versão registrada nos autos não era assim tão perigosa quanto a que Adelson contara quando tomado pelo pânico. Sentiu que "ele não queria prejudicar mais ainda o amigo". E ainda ficou impressionado ao tomar conhecimento do quanto a família do garoto era presente, dando a ele todo o apoio e tendo papel importante em sua recuperação.

Vasculhando o passado, como quem vira as páginas de um álbum fotográfico cheio de imagens danificadas pelo peso dos anos, ele diz que se recorda vagamente de ter encontrado o jovem em outra ocasião, mas ele mesmo não confia nessa lembrança. É fato que o tempo também passou para padre Volmir, e que as memórias daqueles dias já ganharam tons embaçados, turvos, desalinhados, tornando improvável a reconstrução completa das frases anunciadas, dos segundos de dúvida que antecederam cada ação e das sensações que se manifestam, em seu estado absoluto, somente no momento presente. Mas ele afirma, sem deixar o esquecimento tomar conta da situação, que cruzar com Adelson naquelas circunstâncias, exatamente naquele horário e na direção que não eram de seu costume, "foi uma mão de Deus".

Antes de desligar, digo que Adelson ficará muito feliz ao saber de nossa conversa e que ele é profundamente grato por seu ato de generosidade e coragem. Ouço padre Volmir sorrir alto do outro lado e, então, enviar um recado:

❝ Diga a ele que estou contente por ele ter vencido. ❞

Capítulo 10

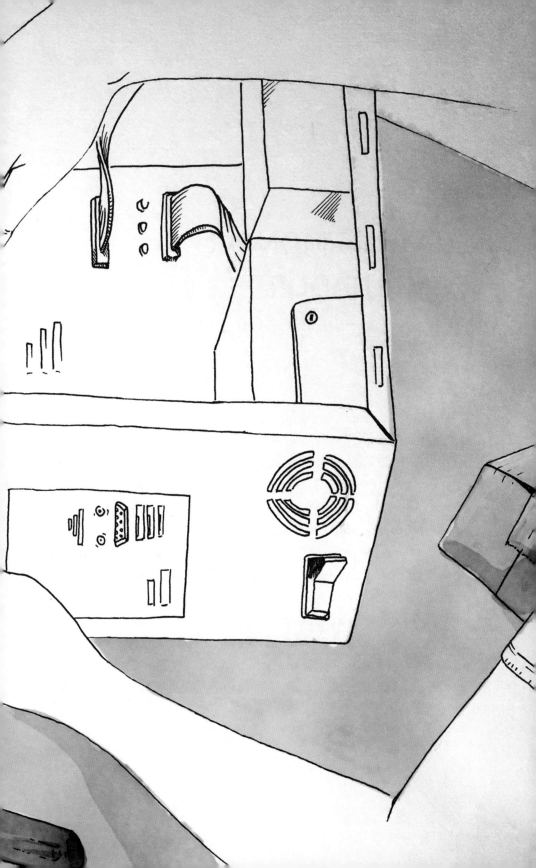

EU VOU É MONTAR COMPUTADOR

Depois de vencer a armadilha em que Marcos me colocou, fiz o que eu tinha de melhor a fazer – tocar a minha vida e tentar esquecer o passado. Ainda havia uma luta trabalhosa pela frente, não pela própria vida, mas pela oportunidade de prosperar em um contexto complicado, desfavorável e desanimador para qualquer cidadão comum. Em 1985, os brasileiros viram a inflação atingir a marca impressionante de 250% ao ano. Os preços dispararam e todas as tentativas do governo de frear esse movimento falharam, incluindo o Plano Cruzado, lançado pelo então presidente José Sarney e que estabeleceu o congelamento de preços e salários por um ano, a partir de fevereiro de 1986. Depois, vieram ainda os Planos Cruzado II, Bresser e Verão. O fato é que, ao final da década, mais de 27% da população trabalhadora recebia um salário mínimo, e 48,6% ganhava até dois salários.[21] Uma parte assustadora da população

---

[21] MARANGONI, Gilberto. "Anos 1980 – década perdida ou ganha?". In: Revista Desafios do Desenvolvimento. Ed. 72, ano 9. São Paulo: Ipea, 2012

encontrava-se na linha da pobreza e cada um se virava do jeito que podia.

E, quando a expectativa era de novos tempos, a partir da eleição do presidente Fernando Collor de Mello, idealizado pelo povo, literalmente, como Salvador da Pátria, as coisas ficaram feias. No dia 16 de março de 1990, a sociedade brasileira acordou perplexa. Ninguém esperava por notícias tão extremas. O editorial do jornal *Folha de S. Paulo*, de 17 de março, confirmava:

> "O plano econômico do governo Collor surpreende pelo seu impacto inaudito, pela sua extrema violência. Realiza o mais brutal e imprevisto ajuste de liquidez de que se tem notícia na história brasileira – e talvez não se encontrem paralelos de um choque deste tipo em toda a experiência econômica internacional."

A exasperação não era para menos. Os sacrifícios que o novo plano impunha aos brasileiros soaram como o estalar de um chicote na pele para uma população que já vinha de uma década sofrida. O mesmo jornal anunciava:

> "O presidente da República, Fernando Collor de Melo, aplicou ontem o maior choque da história da economia do país. O plano foi encaminhado de manhã ao Congresso Nacional, na forma de um pacote de 17 medidas provisórias que impõem mudanças profundas e abrangentes. (...) O Plano Collor atinge de frente as aplicações do setor financeiro. Os saques das cadernetas de poupança e das contas

> correntes ficam limitados a 50 mil cruzeiros (moeda que substituirá o cruzado novo ao par, sem mudança de zeros). No *overnight*, o saque está limitado a 25 mil cruzeiros ou a 20% do saldo total. Em todos esses casos, o que excede os limites ficará retido no Banco Central e será devolvido após 18 meses com correção monetária e juros anuais de 6%."

O motivo de resgate dessa história é porque quero que você imagine, comigo, a coragem – ou mesmo a loucura – que um sujeito deveria ter para abrir um negócio no meio dessa confusão toda. Não que eu fosse um dos poucos; pelo contrário, só de colegas empreendedores que vivenciaram aqueles tempos, que correram riscos gigantescos e que, muitas vezes, perderam tudo, os casos são diversos. Mas eu, realmente, tive a perspicácia e a sorte de escolher um mercado próspero, onde consegui progredir rapidamente e, o mais importante de tudo, que desenhou um atalho para o espaço onde decidi me fixar, após tantos anos de busca e tentativa. Inaugurei o negócio de integração de PCs em 1986 e somente o abandonei quando descobri a *Byte*, cinco anos depois, e, com ela, o início da grande realização da minha vida.

Mas vamos aos poucos. O ponto é que instalei uma linha de montagem de PCs, inicialmente, na casa do Parque São Rafael e, após me casar com Cássia, ao final de 1989, em nosso próprio lar. Eu não sabia nada de computadores e não tinha base teórica alguma, é claro. Imagine, minha vida naquela época era carregar alho nas costas. Quando eu poderia pensar em montar PC? Só que meu irmão Ailton trabalhava em uma revenda de informática, então, fui atrás, pesquisei e aprendi. Comecei a adquirir partes e peças para integração, entre placa mãe, disco rígido e memória. Da primeira vez, comprei os componentes para dois computadores XT, com microprocessador Intel 8086, de 16 bits, considerado inovador naqueles tempos, pois dispunha da capacidade de endereçar mais memória disponível (até 64 KB de cada vez). Vendi as duas máquinas para uma revenda na Rua Califórnia, no bairro do Brooklin, em São Paulo. Quando o negócio deslanchou, chegava a comercializar, em média, 150 PCs por mês, às vezes um pouco mais. O modelo mais simples custava cerca de 2 mil dólares, e os mais sofisticados até 5 mil dólares. E, assim, em nosso laboratório doméstico, Cássia e eu, junto com mais dois funcionários, pegamos carona no movimento de popularização dos PCs. Ainda hoje, tenho um calo no dedão da mão direita, um legado daquela época do qual me orgulho muito, de tanto *soquetar* chip de memória na placa mãe dos computadores.

No mundo, o movimento de popularização dos chips e do mercado de computação pessoal estava em ebulição. No entanto, no Brasil, a reserva de mercado restringia fortemente a importação de equipamentos e também de partes e peças, produtos que tinham qualidade reconhecidamente melhor do que os itens fabricados pela indústria nacional, os quais, se não bastasse a qualidade inferior, eram bem mais caros, mesmo produzidos localmente. Nesse contexto, muita gente abraçou a oportunidade de montar PCs, até porque, no fim da década de 1980, comprar importados não era uma tarefa difícil. Encontrava-se de tudo na Santa Efigênia e, além disso, distribuidores estrangeiros, especialmente dos Estados Unidos, entregavam partes e peças no mercado nacional. De Miami, vinham os componentes vitais, como placa mãe e disco rígido, que na época tinha a "incrível" capacidade de armazenamento de 10, 20, 50 megabytes. Era um bloco grande, pesado, tinha que ter um cuidado danado para transportá-lo, pois qualquer batida podia comprometê-lo. De lá também chegavam as memórias e os processadores. Gabinetes, fontes de energia e monitores eu comprava no Brasil mesmo.

O tempo foi passando e o negócio de integração de PCs vingou, me permitindo, pela primeira vez, alguma estabilidade e crescimento relativamente seguro em um empreendimento, já que o mercado de computadores só se expandia. Então, 1990 chegou. Eu mantinha um sítio lá no dez do São Geraldo, que havia comprado mais ou menos um ano antes. No momento em que todo o caos estava prestes a se instalar no país, uma pessoa se mostrou interessada em adquirir a propriedade. Era exatamente o dia anterior ao do anúncio do confisco, mas é claro que eu não sabia disso. Ninguém sabia. Decidi que não abriria mão da oportunidade e corri com Cássia para o interior, a fim de encontrar o comprador e assinar o negócio. Mesmo com o cenário que se desenhava, ele manteve a sua intenção e fez o pagamento pelo sítio parcialmente em dinheiro, completando o valor com a entrega de um Ford Pampa cinza, que passei a usar para a entrega dos computadores. Quando um novo dia amanheceu e a má notícia se alastrou pelo País, transferi todo o saldo da minha conta corrente para fornecedores brasileiros de partes e peças, investindo, assim, todo o meu dinheiro em componentes. Sentei-me, literalmente, sobre o estoque.

Logo depois desse episódio, passei a fazer uma série de viagens para Miami, em busca de fornecedores de componentes melhores e mais inovadores. Foi uma época divertida, apesar do trabalho duro, e eu me lembro de ver, em todos os lugares por onde passava, a revista que era considerada a bíblia dos canais de distribuição, então conhecida como *Computer Reseller News*, e também a *Byte*. Essas viagens foram motivadas por um amigo que eu conhecera no Brasil e que havia se mudado para os Estados Unidos para empreender em uma dessas distribuidoras. Antes disso, como executivo de tecnologia de uma grande multinacional, em São Paulo, ele adquiria a parte de microinformática da revenda em que Ailton trabalhava e, mais tarde, eu mesmo comecei a atendê-lo.

O nome dele era Miguel Petrilli.

Por mais de cinco anos, depositei todas as minhas expectativas e meus esforços no ramo da informática, em um período crítico para a economia e a política brasileiras, e eu jamais poderia imaginar o que viria a seguir. Não entendia o que era crise ou cenários de mercado, não enxergava barreiras na tomada de decisões e não conhecia a hora de parar e ter cautela. Uma inocência que, até então, atuou a meu favor, como um superpoder silencioso e suspeito, que a qualquer momento poderia, também, me passar uma rasteira. Parece estranho pensar assim, mas possuir conhecimento demais pode acabar sendo um fator limitante. Quando você não está amarrado a dogmas, analisa e pondera menos. Veja: depois de tudo o que passei, não estou, de forma alguma, incentivando a ação sem lógica e ponderação. Não. Até porque os tempos não são mais os mesmos e eu não desejo que ninguém se acostume à instabilidade e ao risco como eu o fiz. Só quero deixar claro, pelo meu exemplo, o quanto definimos o nosso futuro a todo o tempo, mesmo quando nos falta consciência sobre isso. E isso não nos torna menos responsáveis. Uma coisa com a qual não tenho paciência é a atitude de vítima, de coitado. Nunca existiu espaço para isso em minha vida.

A explosão do setor da informática moveu também minha família. Minha mãe e meu irmão Edmárcio montaram uma loja no bairro do Tatuapé, quando a região começava a se desenvolver, e mantiveram o negócio por mais de uma década, muito tempo depois de eu mesmo ter abandonado a integração de PCs. E tiveram ainda minha irmã, Eliana, e seu marido, Villas, que construíram uma empresa com uma trajetória de sucesso, conquistando a distribuição de grandes marcas que começavam a atuar com força no mercado nacional. Depois, meu cunhado lançou uma marca própria de PCs, vindo a se tornar o terceiro maior fabricante nacional de computadores.

Por causa do êxito de tanta gente que aproveitou esse momento, mesmo após a entrada dos grandes fabricantes internacionais no Brasil e a popularização das vendas de PCs, a minha decisão de romper com um negócio em franca expansão pareceu uma grande loucura para todos que me cercavam. O mercado estava pegando fogo. Sem dúvida, a visão da abertura de mercado, no início dos anos 1990, colocava um ponto de atenção à frente, pois provavelmente impactaria a integração de PCs. Mas, até aí, largar tudo... Foi uma ruptura ousada, eu reconheço, para não dizer mesmo uma decisão maluca.

Em 1991, eu tinha uma liquidez significativa. Dessa reserva, tirei 100 mil dólares para pagar adiantado o primeiro ano de royalties da revista *Byte*, sem realizar nenhuma projeção ou planejamento. Foi nessa fase que duas constantes passaram a se desenhar em minha vida: uma delas, a identificação com o mundo das publicações e dos eventos; a outra, a lealdade a uma sociedade inquestionável. Miguel, dos Estados Unidos, transmitiu o chamado:

— Tem um pessoal, aqui, querendo publicar a Byte no Brasil. Você quer entrar nessa?

O Brasil nos anos 80

- Em 1984, as eleições indiretas para a presidência da república colocaram fim à ditadura militar. Porém, o presidente escolhido pelo Colégio Eleitoral, Tancredo Neves, faleceu dias antes da posse. O vice José Sarney assumiu o governo.
- No mesmo ano, a inflação mensal era de 15%.

- A concentração de riqueza disparava: a participação da massa salarial na renda interna total caiu de 40,79%, em 1970, para 37,9% em 1980, sendo estimada em 30% em 1989.[22]

- De 1980 a 1989, o PIB (Produto Interno Bruto) brasileiro cresceu apenas 22%, com uma taxa média de 1,7% ao ano – praticamente uma estagnação em termos *per capita*.

*

A era Collor

- Primeiro presidente eleito no Brasil de forma direta após quase 30 anos, Fernando Collor de Mello, anunciou, um dia após a sua posse, um pacote radical de medidas econômicas, incluindo o confisco dos depósitos bancários e das cadernetas de poupança dos brasileiros. - Longas filas se formaram nas agências bancárias, mas os bancos não tinham dinheiro suficiente para cobrir os saques da população. O comércio também ficou paralisado.

- A inflação acumulada do ano de 1989 foi de 1.782,90% e, em 1990, de 1.476,56%. Foi somente com o Plano Real, a partir de 1994, que a moeda brasileira começou a estabilizar novamente.[23]

---

[22] MARANGONI, Gilberto. "Anos 1980 – década perdida ou ganha?" In: Revista Desafios do Desenvolvimento. Ed. 72, ano 9. São Paulo: Ipea, 2012

[23] Fonte: acervo online Almanaque, *Folha de S. Paulo*. http://almanaque.folha.uol.com.br/dinheiro90.htm

*

O mercado de informática no Brasil[24]

- De 1958 a 1975, o Brasil importou tecnologia de países desenvolvidos, principalmente dos Estados Unidos. Grandes computadores de processamento eletrônico de dados existiam apenas em grandes empresas, universidades, órgãos governamentais e agências de serviços.

- Não havia fabricantes nacionais, no entanto, a atuação de universidades fomentou uma competência tecnológica nacional e, em 1974, foi criada a primeira fabricante brasileira de computadores, a Cobra.

- Por volta de 1976, o governo estabeleceu uma reserva de mercado na faixa de minicomputadores para a produção nacional, além de promover o controle das importações. Em 1979, as restrições aumentaram com a ampliação da reserva de mercado para os PCs e a criação da Secretaria Especial de Informática, pelo então presidente João Figueiredo, órgão responsável por: incentivar as atividades produtivas, de serviços e comerciais na área de informática; promover a pesquisa científica e tecnológica no setor da Informática; incentivar o intercâmbio de ideias e experiências por meio de reuniões nacionais e internacionais; im-

---

[24] Fontes: Museu do Computador da Universidade Estadual de Maringá.
DANTAS, Vera. A guerrilha tecnológica. A verdadeira história da Política Nacional de Informática. Rio de Janeiro: LTC, 1988, p. 184.

- plementar um cadastro das empresas do setor; regulamentar a tarifação aduaneira, entre outros papéis.[25]
- Sancionada pelo presidente João Figueiredo, a Lei da Informática, de 4 de outubro de 1984, declarou que o objetivo da Política Nacional de Informática era a capacitação nacional nas atividades do setor, em proveito do desenvolvimento social, cultural, político, tecnológico e econômico da sociedade brasileira. Por isso, o controle das importações de bens e serviços de informática estava fixado por oito anos.
- Com os incentivos, a informática nacional alcançou, na metade da década de 1980, índices de crescimento da ordem de 30% ao ano, ocupando a sexta posição no mercado mundial.
- Apesar de tudo, a insatisfação de diversos setores quanto ao atraso tecnológico do Brasil e aos altos preços causados pela reserva, além da pressão dos mercados internacionais para abertura da concorrência comercial, exigiu mudanças. O então presidente dos Estados Unidos, Ronald Reagan, ameaçou retaliar o Brasil caso não pusesse fim à reserva de mercado.
- Foi no governo Collor que a nova Política Industrial e de Comércio Exterior promoveu, entre outras medidas, o fim da reserva de mercado de diversos produtos, em especial de computadores, e a abertura às importações.

---

[25] Código Civil Brasileiro. Disponível em:
http://www.planalto.gov.br/ccivil_03/decreto/1970-1979/D84067.htm.

Capítulo 11

A MAIS IMPORTANTE REVISTA DE TECNOLOGIA DO MUNDO

Ao final de 1989, Adelson era um menino de apenas 22 anos, um garoto que não havia ido para a faculdade, nem mesmo terminado o colegial. O que tornava ainda mais impressionante o fato de ter protagonizado experiências tão precoces, uma história do tamanho de uma vida que, para alguns, não dá tempo de viver mesmo com todo o tempo que lhes é dado. Em dezembro desse mesmo ano, desdenhando das incertezas e da brevidade da juventude, casou-se com Cássia, quando ela tinha somente 19 anos. A noiva entrou na igreja de branco – e o noivo também. Ele usava um smoking completo que ele próprio escolheu, impecavelmente claro e bem passado, com calça, paletó, camisa e sapatos de um branco quase translúcido, daqueles de agarrar o olhar. Os demais acessórios – gravata borboleta, faixa na cintura e lenço no bolso – eram feitos de cetim e tom bem claro de rosa. No altar, estava Miguel Petrilli.

O convite para ser padrinho de casamento de Adelson veio após seis meses que haviam se conhecido, uma relação, até naquele momento, não muito mais extensa do que a de cliente e fornecedor, mas que já continha a essência de uma amizade espontânea. Miguel, àquela altura um engenheiro formado pela Universidade de São Paulo, em 1977, com uma carreira promissora como executivo e nível educacional privilegiado, achou curioso aquele jovem inquieto e sempre pronto para qualquer situação. Sentiu até certo estranhamento, como uma conta que você checa uma vez, confere novamente e mais outra, mas não consegue entender o que há de errado no resultado final. "Ele não podia ser apenas um mero comerciante", pensou. Percebeu o tamanho refinamento interno daquele menino de periferia:

> Dava para ver que ele era um diamante bruto por fora. Não havia tido a oportunidade de ter polimento, uma educação adequada, mas era um diamante de qualidade. A vontade de vencer estava nos olhos do cara. Ele andava de carro a cidade inteira, vinha da zona leste, montava os computadores em casa e nunca dizia "isso vai ser difícil", "isso não dá", "assim não consigo te entregar". A garra que ele colocava em tudo... Isso me cativou e fez com que eu me aproximasse o máximo possível dele. Ter encontrado esse cara foi a coisa mais importante que aconteceu na minha vida.

Miguel nasceu em 1953 e, assim como Adelson, desgarrou-se do interior de São Paulo, do município de São Carlos, ainda muito jovem, disposto a descobrir o que havia além das fronteiras de seu próprio feudo e das cartas que chegavam pelo correio - naquele momento, a única forma de interação com o mundo. Sentia a sua realidade pequena, incompleta e isolada. Ainda assim, "nada que se comparasse à inquietude de Adelson", ele enfatiza, não no sentido de subestimar os seus próprios desejos e sua motivação, apenas de confirmar que, no caso do sócio, a referência de intensidade é mesmo outra. Não tinha televisão, telefone e muito menos internet para lhe contar sobre as inúmeras oportunidades e experiências possíveis, mas ele sabia que elas existiam.

No começo da década de 1970, ele estudava em uma boa escola e era armador do time de basquete do clube da cidade. Chegou a ser campeão brasileiro com a seleção do Estado de São Paulo, o que permitiu a ele viajar por outros cantos da região e também conhecer gente de outros rincões. Até que teve a chance de participar de um programa de intercâmbio cultural para os Estados Unidos, uma vaga disputada por mais de 50 pessoas, ele lembra, para estudar e morar por lá com uma família local. Mudou-se para uma pequena cidade próxima de Chicago, no estado de Illinois, uma região de natureza historicamente vibrante e tempestuosa, feita de violentas manifestações, lendas do jazz, incêndios, desastres naturais, comércio pulsante, guerra civil, imigração em massa e tantos outros fenômenos que ele não conhecia.

❛ Eu nunca tinha estado nem no Rio de Janeiro. Ir para os Estados Unidos, naquela época, era como ir para a Lua. Imagine minha família – italiana, católica, tradicional. Eles falaram: 'você está louco?'. Fazer ligação era caro demais e a conexão difícil. As cartas levavam 10 dias para chegar e, aí, você tinha de esperar mais 10 dias para receber uma resposta. ❜

Mais de quatro décadas depois, Miguel ainda se refere ao casal que o acolheu em terras norte-americanas como seus pais, uma relação que se mantém estreita e a reencontros frequentes. "*Priceless*" – traduzindo, "não tem preço" – é como ele define os relacionamentos que a gente leva dessa vida. O hábito de misturar termos em inglês com português virou sua marca pessoal, daquelas que todo mundo reconhece como sendo o jeito do Miguel, bem como a boa memória. Parece haver espaço para tudo: dias, meses, anos, nomes, números, aniversários, cenas, diálogos. Alguns desses dados estão armazenados na agenda de seu celular, entre mais de 12 mil contatos, onde procura registrar também a ocasião em que conheceu cada uma dessas pessoas, o que conversaram, o nome do filho e da esposa, o amigo que descobriram em comum, entre outras lembranças que fazem daquela relação mais do que um número de telefone. Por isso, quando Adelson não consegue se lembrar do nome de um sujeito ou se confunde nos detalhes da história da IT Mídia, o que ocorre com alguma frequência, a reação é previsível: ele entorta os lábios de dúvida, levanta os olhos e faz uma radiografia do ambiente, começando pela mesa do sócio. Se não o encontra, profere o chamado: "cadê o Miguel?".

Por mais diferentes que tenham sido suas vidas até que elas, enfim, se cruzassem, Adelson e Miguel têm muito em comum. São filhos da informática, termo que mais tarde viria a ser substituído por tecnologia da informação. Miguel iniciou a carreira na indústria farmacêutica, em uma multinacional suíça, e, em 1978, começou a ter contato com os antigos e então majestosos mainframes da IBM, história que ele sempre gosta de contar para revelar a sua idade com bom humor. Trabalhou na principal fábrica da companhia, no Rio de Janeiro, e depois em São Paulo, no Centro de Processamento de Dados, o CPD. Foi para a Suíça aprender a utilizar o MS-DOS, sistema operacional presente na maioria dos PCs até o surgimento do Windows, e introduziu os computadores pessoais na subsidiária brasileira da empresa. Mais do que um executivo, assumiu o papel de militante da abertura de mercado no Brasil, isso já no final dos anos 1980, como vice-presidente da Sucesu (Sociedade de Usuários de Tecnologia) em São Paulo. Pela entidade, organizou a Feira de Informática Sucesu entre os anos de 1984 a 1992, além de intermediar a joint venture com a Comdex, uma das maiores feiras de informática do mundo, para a realização da Comdex Sucesu.[26] Só que estava faltando alguma coisa.

---

[26] A 1ª COMDEX/Sucesu-SP ocorreu em setembro de 1992 e substituiu a feira da Sucesu realizada até 1991. Foi a última grande feira de informática antes do fim da reserva de mercado, que terminaria em outubro de 1992. Realizada no Pavilhão de Exposições do Anhembi/SP, reuniu 466 empresas e 383 estandes. Fonte: Museu da Computação e Informática (MCI).

O impulso de realizar uma obra para si começou a crescer, momento que coincidiu com a criação de laços – primeiro de negócios, depois de amizade e, então, tudo misturado – com Adelson. A oportunidade de mudar de lado, de funcionário com 10 anos de carreira em uma multinacional a empreendedor, veio em 1989, por meio de um primo da então esposa, um homem que morava nos Estados Unidos e tinha um negócio de importação e exportação, passando por produtos de tecnologia e componentes a equipamentos diversos. Miguel ponderou, analisou as possibilidades, mas percebeu que se tornar presidente da farmacêutica seria praticamente impossível, porque ele não era suíço e todos os presidentes da companhia, naqueles tempos, eram suíços.

> Sou um cara muito mais de comunicação, mas estava dentro de um departamento de processamento de dados. Meu negócio é a rua, é o que consigo fazer bem. Você me imagina trancado dentro de um escritório, ficando lá oito, dez horas?

Em 31 de janeiro de 1990 – assim, com dia, mês e ano, como Miguel procura pontuar – ele pediu demissão da companhia. Collor estava eleito e prometia ser o Dom João VI da atualidade, abrir os portos para as nações amigas, chacoalhar a economia do País. Era a chance que precisava para trazer a empresa de *trading* de Miami para o Brasil e mergulhar de vez no projeto. Guilherme, o filho mais velho e o mais parecido com o pai, tinha dois anos e meio. Mas Miguel estava decidido a investir o dinheiro da rescisão no novo negócio. Entretanto, quando o dia 1º de março de 1990 surgiu, esse dinheiro havia sido trancado nos cofres do Plano Collor.

E agora? O que eu faço? Que banco iria fornecer empréstimo para um desempregado? Que amigo iria ajudar se todos sobraram com apenas trocados no bolso? E quando esses questionamentos de futuro afloram, a tentação do arrependimento vem batendo com tudo. Miguel havia trocado um salário garantido todo o mês pela falta de perspectiva. Ainda assim, seguiu com o planejado e com a preparação das importações, mantendo, inclusive, as relações comerciais com Adelson e Ailton para fornecimento de eletrônicos, o que ajudou a fazer o negócio girar. Em setembro do mesmo ano, o Plano Collor naufragou, afundando novamente o País na inflação. O dólar disparou e, com isso, muitos pedidos foram cancelados. Tudo parecia dar errado, feito os pilares de uma construção que, um a um, começam a ruir e ameaçar a estrutura inteira.

> Em qualquer crise, a grande maioria tende a ser prejudicada. O que Adelson fez? Ficou do lado certo. Montou um negócio de integração de PCs dentro da casa dele e, no fim, o Collor não acabou com ele. Foi até beneficiado, porque conseguiu manter liquidez quando ninguém a tinha. Muita gente ficou só reclamando da vida. Mas ele... dava gosto de ver como ele crescia. Começou a viajar para os Estados Unidos, se deslumbrando com algumas coisas no início, mas aprendendo. E como aprende rápido! Nunca vi Adelson perder a noção do que é razoável, do bom senso das coisas.

Ao final de 1990, Miguel fechou o negócio de importação. Terminou seu casamento. Aceitou uma proposta para obter participação societária na *trading*, trabalhando da sede da empresa, em Miami. Mudou-se novamente para os Estados Unidos. Queria esquecer o Brasil.

*

O poeta Carlos Drummond de Andrade escreveu que "a dor é inevitável, o sofrimento é opcional". "Ah, tá bom", você tem todo o direito de pensar. "Queria ver se fosse com você". O sujeito torna-se cético diante de tantos conselhos valiosos copiados em vão e que grudam na cabeça como música brega tocada repetidas vezes no rádio. Mas, em tempos de desalento, tem gente que recusa o azar, por mais que ele atormente – por sinal, ele pode ser bem convincente –, enquanto outros o convidam para entrar, tomar um café, ver os álbuns de fotografia da época em que se era feliz. Sempre há dois lados, afinal.

No início da década de 1990, Adelson e Miguel viviam em hemisférios opostos do continente e da crise econômica, mas ambos se recusavam a ser escravos do passado. Dos Estados Unidos, Miguel continuou a fornecer componentes para Adelson e a representar a Sucesu. Ele visitava o Brasil, ao menos, uma vez ao mês e, em todas elas, encontrava o amigo. A oportunidade de publicar no Brasil a revista de tecnologia que lia quando ainda era estudante da USP, na década de 1970, surgiu em 1991. Ficou sabendo que o grupo McGraw-Hill queria expandir para o mercado brasileiro e que Richard Ibrahim, então responsável pela publicação da revista *PC Voice*, tinha interesse na *Byte*. No entanto, para efetivar o negócio e conseguir a licença, precisavam de um investidor que bancasse os nada modestos royalties da revista. Em paralelo a isso, o evento de informática da Sucesu começava a perder espaço para a Fenasoft, a Feira Nacional do Software, que desde 1987 vinha crescendo em público e relevância. Miguel, presidente da feira da Sucesu que ocorreria em setembro de 1991, teve a ideia de fazer o lançamento da *Byte Brasil* durante o encontro. O plano parecia incrível. Só precisavam convencer mais uma pessoa.

Miguel ligou para Adelson. Explicou que o mercado de publicações especialistas e de investimento em publicidade iria explodir, pois os gigantes da tecnologia entrariam fortemente no Brasil. Ao mesmo tempo, a abertura do mercado, a longo prazo, colocava em risco o negócio de integração de PCs, a exemplo do que já havia acontecido com outras indústrias, como a têxtil. Marcaram uma conferência por telefone – dos Estados Unidos, Miguel e Pedro Tadeu Silva, executivo que intermediava as negociações com a McGraw Hill; de São Paulo, Adelson e Richard.

Entraram em um acordo sobre como realizar o acerto com a editora. E, de suas reservas, Adelson tirou 100 mil dólares para pagar adiantado o ano de licença de publicação da *Byte*.

Conforme o planejado, o lançamento da revista ocorreu durante a Feira Internacional de Informática promovida pela Sucesu, em 1991, onde armaram um stand para o lançamento e a venda de assinaturas da revista. Todo o mundo queria fazer parte daquele momento histórico para a informática no Brasil. Fizeram um barulho de ressoar por toda a feira, não só com a conquista de leitores, mas com os coquetéis organizados ao final dos dias de exposição, no próprio espaço do stand, mostrando que eles, Adelson e Miguel, já sabiam fazer festa – e eventos – desde aqueles tempos.

Sob a gestão dos sócios Adelson e Richard, a equipe da nova revista, cerca de dez pessoas, instalou-se em duas salas de um edifício na Avenida Cásper Líbero, no bairro da República, em São Paulo. Mas a sociedade não durou muito, assim como a relação de Miguel com o dono da exportadora em Miami, o qual havia oferecido a ele participação societária na empresa. O sujeito acabou vendendo a companhia e, como o acordo tinha sido firmado verbalmente, apenas, ele não honrou o compromisso assumido. Miguel voltou para o Brasil, ao final de 1991, pensando em entrar no ramo de serviços de consultoria. Só que Adelson precisava de reforços. Miguel recorda:

> ❝ Ele não sabia o que era gerenciar uma empresa, nem vender anúncios para uma Microsoft, uma IBM. Ele me disse: você me pôs nisso, agora vem ajudar! ❞

Estavam, finalmente, do mesmo lado, agora em todos os sentidos. Fizeram o acordo de que Miguel teria um terço da empresa, que batizaram de editora Rever, e Adelson os outros dois. Nada de pensar em contrato. O pai de Miguel alertou o filho para o erro que estava prestes a cometer novamente, após ter sido passado para trás por um homem sem palavra. "Você não sabe de onde esse cara vem", avisou. Porém, a confiança entre os novos sócios não abria espaço para suspeitas. Eles deram-se as mãos, comprometeram-se com a parceria e, por alguns anos, esse foi o único registro que existiu da sociedade.

A revista *Byte* chegou a somar uma circulação de 60 mil exemplares, entre assinantes e venda em bancas de jornal. Mas a grande receita da publicação vinha de um filão descoberto por Miguel. Em viagens frequentes aos Estados Unidos, ele levou a oportunidade de explorar o jovem mercado brasileiro aos distribuidores de produtos de informática, muitos dos quais se localizavam nos arredores do aeroporto de Miami. A venda de publicidade engrenou e, assim, fortaleceu a circulação da *Byte* sobre a base de revendas e integradores de tecnologia, criando o princípio do modelo de distribuição controlada e qualificada de revistas, diferencial que marcaria o negócio da IT Mídia, o de publicações e eventos B2B (*business to business*).

O engenheiro João Molnar, hoje aos 80 anos, é quem se lembra bem dessa época e das dificuldades para fazer a operação girar. Um dos primeiros funcionários da editora e o mais antigo deles até meados de 2016, quando se aposentou, Molnar conta:

> ❝ A empresa era salva todos os anos porque o Miguel ia para Miami se relacionar com os fabricantes e distribuidores de TI e vendia muito anúncio para eles. Ele teve a sacada de vender no longo prazo, com desconto, até um ano de propaganda de uma só vez. No Brasil, ainda tinham poucos anunciantes. ❞

Seu João, como os colegas de trabalho o chamam, não é de muitas palavras. Pode estar compenetrado em frente à tela do computador, mas os movimentos externos não lhe escapam. Ele vê tudo e, se é para falar, não há meio termo nas sílabas. Elas saem da boca desnudas, às vezes irônicas. Em alguns momentos de nossa conversa, ele parece preocupado se está falando demais.

Na editora Rever, começou como *controller*, responsável pelos processos financeiros, contábeis e administrativos da empresa, mas fazia de tudo um pouco, até cuidar da TI. Isso depois de ter aceitado o convite de Miguel para realizar alguns trabalhos pontuais de tradução, inclusive na feira da Sucesu, no momento de lançamento da *Byte*. Foi convocado para ajudar a receber e dar atenção aos americanos que vieram especialmente para o evento. Acabou ficando, descobrindo o lugar onde realmente se realizaria profissionalmente, após uma carreira longa na indústria de componentes e semicondutores, e em empresas onde não conseguiu exercer a sua vocação empreendedora.

Seu João foi engenheiro eletrônico na General Electric, na Zona Franca de Manaus, e sentia-se aprisionado ao passar oito horas por dia dentro de uma fábrica. Por isso, migrou para a área comercial, percorrendo sete anos de carreira na Phillips. Se não cometesse nenhuma grande falha, teria o emprego garantido por toda a vida. Encontrou, novamente, um limite invisível para seu crescimento. Candidatou-se a uma vaga na Texas Instruments, só que, no processo de seleção, foi descartado. Depois, recebeu o convite de outra pioneira na indústria de semicondutores, a FairChild. Mas, no fim, desejava mesmo tocar o negócio à sua maneira e ter liberdade para realizar:

❢ No início, a empresa só tinha a mim no Brasil. Então, eu fazia tudo, de office boy a gerente geral. Frequentemente, eu viajava para o Vale do Silício, pela dificuldade de comunicação, já que, por telefone, era impossível. A principal forma de comunicação ainda era o

Telex.[27] Você já ouviu falar disso? Eu escrevia o Telex à mão, levava ao correio e lá perfurava a fita e mandava. Para ir para a Califórnia, pegava o voo da Panamerica, fazia parada no Panamá. Lá, trocava de avião e pegava mais uma escala, acho que em Miami."

Seu João ainda teve passagem pela gigante Singer, que, na época, desenvolvia um projeto de diversificação de portfólio, de máquinas de costura a computadores pessoais. Lá permaneceu por oito anos, abrindo lojas por todo o país, até que a era Collor afetou a (quase) todos e provocou uma crise de desemprego.

Com tantos anos de experiência em modelos e processos de empresas globais e estruturadas, é possível imaginar o choque de visões que se instalou quando as análises e o planejamento elaborados por Seu João sucumbiam à urgência e à voz do chefe:

❢ Adelson é um empresário que sempre tomou decisões, muitas vezes, baseadas em feeling, não em números. Eu tentava ajudar, mas ele decidia da cabeça dele. Grandes negócios foram fechados na base de um aperto de mão, sem projeções. Algumas decisões foram acertadas, outras não. Não posso negar que muitas delas foram acertadas. Eu me acostumei. Sabe... *love him or leave him* [ame-o ou deixe-o]. Eu vim só para fazer umas traduções e fiquei 20 anos. ❡

*

Os anos 1990 seguiram não muito mais favoráveis, em termos econômicos, do que a década anterior. Mas os sócios mantiveram a von-

---

[27] Parecido com uma máquina de escrever, o Telex foi o sistema internacional de comunicação escrita mais usado até o final do século XX. Funcionava com base em um código numérico e transmitia a mensagem entre terminais conectados à rede global.

tade de crescer e iniciaram um movimento de expansão do negócio, adicionando ao escopo da editora outras publicações, entre elas a revista Computer Reseller News, a CRN, que, nos Estados Unidos, tornou-se ainda maior do que a própria *Byte*, falando diretamente para os canais de venda e distribuição de produtos de tecnologia. No entanto, Adelson e mesmo Miguel, que passava boa parte do tempo em viagens aos Estados Unidos, percebiam o gargalo criado pela gestão financeira e administrativa da empresa. Miguel lembra-se do dia em que a companhia teve seu caixa desfalcado, por causa de pagamentos de clientes de fora que não foram processados no tempo previsto e, assim, não tinha dinheiro para pagar a folha de funcionários:

> É aí que você percebe a resiliência do cara. Adelson tinha um Monza naquela época. Ele saiu da editora, foi para o centro de São Paulo, em um comércio de carro, e vendeu o veículo. Pegou o dinheiro, voltou para a empresa e fez a folha. A gente nunca atrasou folha de pagamento.

Para Adelson, essa passagem ilustra com louvor a fase do empreendedor desatinado, que, por alguma razão, acerta mais do que erra, como sua trajetória até então provara, mas que já sentia o cansaço de uma vida de imprevisibilidade e risco. Além do mais, ele não estava mais sozinho. Tinha uma família, funcionários e um sócio. Não foi somente uma vez, durante essa jornada biográfica, que ele demonstrou a responsabilidade que preserva: "não posso decepcionar o Miguel".

Quando setembro de 1997 chegou, Adelson completou 30 anos, ou o que considera o fechamento de um ciclo de busca por crescimento a qualquer preço, uma jornada empreendedora alimentada pelo instinto, pela paixão e por sua inesgotável capacidade de realização. A transição do menino que sonhou com pipas para um empresário mais consciente, que toma decisões lógicas e procura amansar o seu instinto, teve um gatilho: a venda da revista *Byte* para a editora Globo.

Naquele ano, a venda da publicação pareceu uma oportunidade irrecusável, que traria fôlego financeiro e visibilidade à empresa. A editora Globo, interessada na revista e em sua penetração no mercado, exigia números da companhia para justificar a compra. Seu João esteve lá, em todos os momentos, para apoiar os sócios na demonstração dos resultados. A bem-sucedida transação atingiu a soma de 5 milhões de dólares. Mesmo assim, Adelson supõe que o acordo poderia ter trazido ainda mais vantagem, não fossem as questões administrativas mal resolvidas. Quem sabe? Possivelmente, esse pensamento também seja uma grande bobagem, ele reconhece. Afinal, se houvesse se dedicado a construir uma gestão mais acurada, talvez a *Byte* não tivesse alcançado tal relevância, a ponto de chamar a atenção de um grupo forte como a Globo. Talvez. Contudo, diante da dúvida, os sócios decidiram, daquele momento em diante, tocar o negócio de outra maneira. A profissionalização seria prioridade.

Por mais difícil que essa transição parecesse, a maior mudança já havia se consumado: depois de se lançar como empreendedor de tantas e diferentes maneiras, Adelson finalmente se aquietou ao encontrar o mercado da comunicação. Em setembro de 1997, nasceu a IT Mídia S.A.

Como assim, um cara que não teve educação formal completa se meteu a fazer um negócio de mídia e jornalismo? Como pôde fazer isso há mais de 20 anos? Talvez existam pessoas que façam esses questionamentos, mas provavelmente Adelson foi o primeiro a se perguntar: por que eu estou aqui?

Estava na hora de obter algumas respostas.

A revista *Byte* no mundo[28]

- Em setembro de 1975, a revista *Byte*, lançada por Wayne Green e Carl Helmers, chegou às bancas dos Estados Unidos, dirigida aos apaixonados por computador e eletrônicos.

- O primeiro número, com uma capa emblemática, declarava ser o computador o "maior brinquedo do mundo". A *Byte* surgia para se tornar a principal publicação na era da revolução da computação pessoal.

- Inicialmente, a revista queria atender o público engajado na montagem dos seus primeiros computadores pessoais. Porém, a partir do momento em que o mercado se transformou, passando da integração de PCs a máquinas prontas, o foco da revista também mudou;

- A circulação da *Byte* atingiu meio milhão de leitores, número expressivo para uma revista de computador. A taxa de renovação de assinatura era de quase 80%.

- A última edição da *Byte* foi publicada em julho de 1998, quando o novo proprietário da revista, o grupo CMP Media, decidiu transformá-lo em um portal de conteúdo.

---

[28] Fontes:
PERANI, Letícia. "Computadores para o Povo: Games e Hobbyismo nas Revistas Especializadas em Computação". Trabalho apresentado no Intercom – Sociedade Brasileira de Estudos Interdisciplinares da Comunicação. XXXIX Congresso Brasileiro de Ciências da Comunicação, São Paulo, 5 a 9 de setembro de 2016.
HALFHILL, Tom R. "Tom's Unofficial BYTE FAQ: The Death of BYTE Magazine".

Capítulo 12

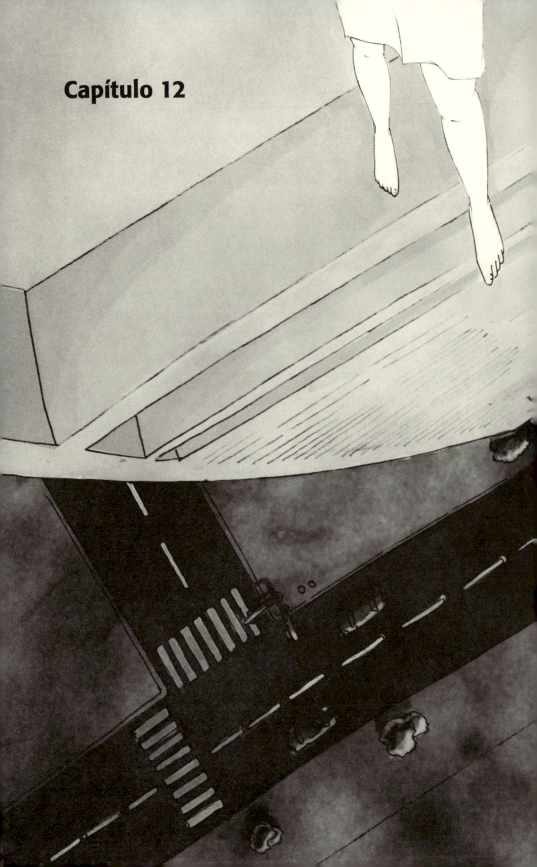

SE É PARA MORRER, EU VOU MORRER EM PARIS

Junho de 1998

Oito meses se passaram desde que a conheci. Sinto uma tristeza profunda, uma palpitação no peito, uma vontade de sumir. O medo de morrer é quase um desejo. Minha vida está um desastre. Ligo para o Dr. Pedro Paulo Porto, médico neurologista, pois tenho a certeza de que vou entrar em colapso e não sei onde isso vai parar. Se é que já não passei do limite e pouco tempo me resta. Vou até ele. Ele me diz:

— Adelson, melhor você ficar aqui no hospital. Você vai se internar, vamos fazer alguns exames e você fica de repouso.

Eu respondo que não, doutor, não quero ficar no hospital. Ele concorda em me mandar para casa, com a condição de que possa me ver no dia seguinte, pela manhã. Me indica um remédio para relaxar e conseguir, enfim, dormir. Chego no meu apartamento, tomo o comprimido e apago. Acordo somente no dia seguinte, talvez nove da manhã. Devo ter dormido direto por umas 12 horas.

Eu estou morrendo.

Vou sumir, não vou morrer aqui.

Não contarei nada a ninguém.

Se é para morrer, eu vou morrer em Paris.

Reservo o hotel que gosto de ficar na cidade, onde já me hospedei outras duas vezes. Ligo para uma agência no Rio de Janeiro que eu já conhecia, dizendo que preciso ir para Paris naquele dia.

— Adelson, eu vou ver, mas não sei se vamos conseguir.

— Mas por quê?

— Cara, amanhã começa a Copa do Mundo. Está todo o mundo indo para a França.

No fim, o agente consegue um voo pela Varig. Ligo para Miguel. Digo que estou muito mal, que tenho a sensação de que vou morrer, que não quero, que não posso ficar aqui. Estou explodindo, preciso ter minha vida de volta, ou pelo menos tentar e, nessa situação, não consigo. Se eu ficar aqui, não tenho dúvidas de que vou morrer.

— Cuide da Cássia e dos meus filhos, por favor, caso alguma coisa aconteça comigo.

— Está bom. Mas você vai para onde?

— Não vou te contar, Miguel.

— Adelson, você tem que me contar.

— Não vou te contar, Miguel. Se eu não voltar, é porque alguma coisa me aconteceu.

— Está bem, eu respeito.

Talvez mais do que ninguém, ele sabe o que está acontecendo.

Arrumo as malas e sigo para o aeroporto. De lá, ligo para a Cássia e conto que estou indo viajar, que não estou me sentindo bem, que preciso ficar só. Não falo sobre minhas visões de morte. Ela fica furiosa. Diz que também não está nada bem, mas que precisamos resolver a nossa vida. Eu entendo, mas preciso sair daqui. Discutimos.

— Onde você está?
— Em São Paulo.
— Para onde você vai?
— Eu não vou te falar.
— Não sei para onde você vai, mas a gente precisa conversar e resolver essa situação.
— Só queria te falar que estou embarcando e que, se algo acontecer comigo, já conversei com o Miguel e ele vai cuidar de você.
— Como é que é?

*

Eu tinha 30 anos quando esse episódio aconteceu. Entrei no avião para Paris, sem saber se voltaria e, ainda que voltasse, como iria desfazer todo aquele mal que causava. Victor tinha apenas três anos e Gabriel era um bebê recém-nascido. Você pode pensar que foi uma atitude egoísta da minha parte, mas acredite, não me restava mais forças. Uma tragédia anunciada havia se instalado naqueles últimos meses e eu me sentia responsável por tudo.

Naquele momento, ao menos duas constantes se desenhavam em minha história: a IT Mídia, que não tinha completado nem um ano de fundação, e Cássia, a mulher da minha vida. Eu era jovem e ela mais ainda quando fiz o pedido de casamento. Ela se assustou, titubeou na resposta.

— Mas você não quer se casar comigo?, perguntei.
— Eu quero, mas calma!

Acontece que, por mais que eu tenha me apressado em uma série de escolhas e vivido intensamente até então, um menino de vinte e tantos anos é, no fim, um menino de vinte e tantos anos. E, enquanto eu havia amadurecido muito rapidamente em diversos aspectos da vida adulta, passando de um garoto da periferia para um empresário da comunicação, outra parte de mim foi arrastada por desejos súbitos da adolescência.

Eu vou ser mais claro. Conheci outra pessoa. Irei chamá-la de Ana, que não é seu nome verdadeiro, mas preciso omiti-lo para contar essa história e permitir que você entenda a sequência de fatos que virá a seguir.

Ela tinha cerca de oito anos a menos do que eu. Era uma mulher muito bonita, do Rio Grande do Sul, modelo ligada a uma agência importante, uma menina lutando pelo espaço dela no competitivo mundo da moda. O que poderia ser apenas um impacto imediato e efêmero tomou outra proporção, o de uma identificação mútua. Não tive maturidade para gerenciar a situação. Quando me dei conta, estava completamente seduzido não apenas por ela, mas por um estilo de vida que Ana começou a me proporcionar. Ela sabia o quanto aquilo me enfeitiçava: festas arrebatadoras, um meio de influência e prestígio e um monte de gente bonita. Esse era o universo em que ela transitava e com essas pessoas ela convivia. Encontrei um mundo que não havia vivenciado com plenitude até então, por estar focado, desde a infância, em minha independência financeira. Acho que isso acabou me tornando mais suscetível a outra experiência.

Nós saímos juntos algumas poucas vezes, mas não dava para ficar assim. Não era certo com ninguém e eu mesmo não suportaria aquela situação, nem me suportaria. Precisava contar para Cássia. Dizer que eu a amava profundamente e que não sabia o que fazer, pois ao mesmo tempo me sentia atado a outra história. Foi o que fiz. Não havia se passado nem um mês quando falei a verdade para Cássia. Preciso resolver isso, me dê um tempo para eu entender o que fazer, pedi. Não sei se você já viveu alguma circunstância similar, mas, seja como for, pode imaginar o impacto de uma notícia dessas em um relacionamento. Ainda assim, nunca houve um rompimento entre Cássia e eu, por mais estressante e doloroso que tenha sido esse momento em nossas vidas. Ela nunca desistiu do nosso amor, nem quando eu saí de casa para ficar sozinho. Ela foi inteligente e incrivelmente forte, quando eu estava em estado de completa fragilidade e desordem. Não foi complacente com minha indecisão, mas soube se aproximar ou se afastar como quem manipula um nó: nem muito apertado, nem muito frouxo.

De todos os momentos de apuros e tempestuosidades que havia causado para mim até então, nada se comparava – nada – ao ano de 1997. Miguel foi fundamental, pois aguentou firme e me apoiou diante de todos os desafios da nova empresa e de minha vida pessoal, segurando as pontas da transição da *Byte* para a Globo e do nascimento da IT Mídia. Foi no meio dessa confusão que conduzi a negociação com a editora e que comprei meu primeiro imóvel, onde moro até hoje com minha família. "Essa é a nossa casa", falei para Cássia.

Independentemente do que acontecer, eu quero que minha família tenha um lar. É engraçado como as respostas se manifestam de maneira óbvia, de forma que nos perguntamos: como eu não percebi isso antes? No fim, a compra da casa foi o prenúncio do futuro que até então estava escondido sob uma cortina preta. Ela me mostrou o quanto eu queria estar com Cássia e meus filhos, reconectando a todos nós sob um único teto e uma escolha inexorável.

Entre o momento em que conheci Ana até tomar a decisão de encerrar de vez aquela história, alguns meses se passaram. E no instante em que solucionei a dúvida, chamei Ana para uma conversa que certamente seria dura para nós dois. Na época, eu alugava um apartamento no vigésimo terceiro andar e ela foi até lá. Eu disse o quanto gostava dela, mas que amava Cássia e meus filhos e, por isso, havia optado por continuar a construir minha vida ao lado deles. Falei por alguns minutos, usando outras tantas palavras para explicar o que já estava dito. Ana ouviu todos os porquês sem questionar absolutamente nada.

— Sua decisão é essa? [...] Está bem – ela falou.

Eu me levantei e fui para o banheiro...
Como ela pode ser tão fria?
Para uma pessoa que dizia me amar tanto, foi tão fácil assim aceitar a realidade?
No fim, ela não se importava?
E eu, que havia me preparado tanto para aquela conversa, para ser sincero e, ao mesmo tempo, cuidadoso com o sofrimento dela e o meu também, me preocupei à toa?
Não que eu desejasse uma demonstração efusiva de tristeza e recusa por parte dela, mas, até aí, reagir como se nada importasse?
Passei um tempo no banheiro, tentando digerir esses questionamentos, então, voltei para a sala. Ela não estava lá. Olhei para a varanda e nada dela também. Quando abri a porta da cozinha, vi uma poça de sangue no chão e Ana desacordada, com as costas contra o solo e braços e pernas largados. Ao lado dela, uma faca. Ela havia cortado o próprio pulso.

Minha primeira reação foi pedir socorro na portaria do prédio. Depois, peguei um pedaço de lençol para amarrar o pulso dela e tentar estancar o sangue. Uma pessoa chegou para me ajudar a erguê-la e levá-

-la para o carro. Ela não acordou. Dirigi o mais rápido que pude até o Hospital Samaritano, onde ficou em observação após suturarem o ferimento. Fiquei lá o tempo todo, até que se recuperasse. Por sorte, não houve nenhuma consequência grave, mas aquilo, de qualquer maneira, me arrebentou emocionalmente. Me fez sentir responsável, para não dizer culpado. Liguei para a mãe dela, que morava em Porto Alegre, e ela veio a São Paulo para me ajudar a cuidar de Ana. Assim, o que já estava difícil se tornou o início de uma saga.

Ana não estava arrependida do que fez. Pelo contrário, garantiu que preferia morrer a se separar de mim. Eu poderia jurar que ela estava falando sério, que não se tratava apenas de uma menina querendo chamar a atenção, o que tornou a situação ainda mais delicada. Você pode imaginar que minha resolução tenha sido abalada por aquele fato, mas não. Eu só pensava em voltar para casa. No entanto, a partir daquele episódio, tive medo de executar minha decisão. Para protegê-la, resolvi esperar um pouco e gerenciar o momento, tentando manter Cássia ao meu lado sem que ela soubesse da gravidade do problema.

Acho que já estávamos em 1998 quando voltei a falar com Ana sobre a minha decisão. Novamente, a recepção não foi boa. Um dia, cheguei ao apartamento e ela estava desmaiada no chão. Ao lado dela, tinha uma cartela vazia de comprimidos, um ansiolítico da categoria faixa preta. Desta vez, ela passou dois dias internada no hospital e fez lavagem estomacal. Acionei a mãe dela. Ela protegia a filha, dizia que ela me amava muito, mas nunca negou a fragilidade de Ana e sua necessidade de cuidados. Depois que teve alta do hospital, pedi para que ela buscasse um tratamento psiquiátrico. Ela aceitou a ideia e passou a se tratar com um médico conceituado que eu conhecia à época. Contudo, o episódio se repetiu e Ana se dopou outra vez, com o mesmo medicamento.

A cada reincidência, eu recuava. Cássia, nesse momento, já sabia da sequência de acontecimentos e da posição em que eu me encontrava, só que ela também não aguentava mais aquela confusão. Talvez ela percebesse, desde o início, o que levei um tempo para assimilar: Ana havia encontrado uma forma de me manter prisioneiro. Ela me conhecia, sabia do meu caráter e que, daquela forma, era capaz de recuperar o controle da situação. E, por mais que as ameaças pudessem ser apenas um jogo de medo e manipulação, como eu iria arriscar? Se ela realmente efetivasse o suicídio, como eu iria suportar a carga de responsabilidade e culpa? O quanto os distúrbios psicológicos mobilizaram Ana naqueles tempos, eu não sei, mas tenho certeza de que ela era uma boa pessoa, uma menina que queria vencer na vida. Ela havia abandonado a carreira de modelo e as conquistas que conseguira até então.

O ápice do caos ocorreu em junho de 1998. Cheguei no apartamento, um dia, e ela estava à minha espera, na varanda. Fui ao encontro dela. Ana se aproximou do abismo, do vigésimo terceiro andar, subiu no parapeito e me perguntou:

— Vai acabar mesmo?

O que alguém faz diante de uma cena dessas? Eu fiz todas as juras de amor eterno para ela, até que se aquietou e recuou.

Um dia antes desse episódio, o médico psiquiatra que tratava de Ana me chamou. Ele me conhecia há algum tempo, era como um amigo.

— Por favor, cuide mais de você. Temos tratado dela, evoluído, mas estou muito preocupado com você também – ele me disse.

E não falava apenas do meu estado psíquico.

— Queria que você prestasse atenção, pois todo suicida é um homicida em potencial – ele explicou.

Eu não sabia onde Ana, aquela situação ou eu mesmo iríamos parar. Então, eu desisti. Minha vida estava acabando.

*

Já em Paris, no hotel onde me hospedei, pedi para ser identificado por um nome falso. Era início da tarde quando cheguei. Em um salão de música, um som melancólico saía de um lindo piano de cauda. Mais tarde, comecei a contar ao músico a minha história, a razão de eu estar ali. Chorei como se ele fosse meu melhor amigo. Então, fui para meu quarto e dormi.

No dia seguinte, eu me sentia um pouco melhor. Fiz uma caminhada, assisti ao primeiro jogo do Brasil na Copa e consegui, depois de muito tempo, desocupar minha mente, por alguns instantes, de toda pressão e tristeza. Decidi fazer contato com Miguel para que ele soubesse que eu estava bem. E, no terceiro dia, liguei para Cássia.

— Adelson, a gente precisa resolver a nossa vida.

— Eu sei, mas eu preciso viver primeiro para isso, porque eu não tenho mais condições.

— Onde você está?

— Não vou te falar onde estou.

— Bom, a gente vai resolver a nossa vida. Eu não sei onde você está, mas ACHO que você está em Paris. Eu comprei passagem para um voo hoje à noite, chego amanhã. Se você não estiver em Paris, é bom que esteja pela manhã.

Ela desligou.

Liguei de novo. A mãe de Cássia atendeu e disse que ela não iria mais falar comigo. Insisti nas ligações, mas até a mãe parou de me atender uma hora.

Saí andando por Paris. Eu nunca, nem por um segundo, deixei de amar Cássia. Mas, naquele momento, ela me acordou para a realidade. Eu só conseguia pensar: "Essa é a mulher da minha vida!".

Capítulo 13

DE VOLTA PARA CASA

O velocímetro do carro bate 200 quilômetros por hora. Dona Teresa, durante o retorno de nossa viagem pelos cenários bucólicos da infância e da juventude de Adelson, continua apreensiva e pede para o filho ter menos pressa de chegar. Adelson explica que o carro não é feito só da potência do motor e da capacidade de correr, mas também da garantia de frear quando necessário. Cássia não perde a piada:

— Adelson não "saiu de fábrica" com essa habilidade.
— Você que tem que segurar ele – a mãe diz.
— Eu tento, Dona Teresa, mas, às vezes, ele ainda escapa.

Dona Tereza se lembra do alívio que ela e a família sentiram quando Adelson começou a namorar:

❛ Adelson continuou sumindo de casa, mas agora a gente sabia que ele estava na casa dela. A gente agradecia, e eu ainda agradeço, por Adelson ter encontrado a Cássia. ❜

*

Quando Adelson embarcou para Paris, um vendaval sacudia seus pensamentos, mas não era só isso. Havia também uma memória consistente e terrena prendendo as pontas de seus pés no chão, um pacto de amor e parceria agindo como a própria força da gravidade.

Cássia e ele se conheceram no primeiro ano do colegial. Eram só amigos. Ela, sempre boa aluna, conta que o ajudava com frequência nos deveres da escola, até colocando seu nome nos trabalhos para garantir a nota dele. Depois que Adelson decidiu largar os estudos, passou meses sem dar notícias para a amiga, até que se encontraram novamente, de forma totalmente acidental, no banco onde Cássia, aos 16 anos, trabalhava como atendente. As festas de fim de ano se aproximavam e Adelson perguntou onde ela iria passar as comemorações. Cássia respondeu que iria para a casa da avó no interior, junto com a mãe.

— Você não vai saber onde é. Álvares Machado, perto de Presidente Prudente – explicou.

Ele falou da tremenda coincidência, mas ela não acreditou nele. Pediu para que mostrasse o seu RG para provar. Constatou que ele não estava só querendo se aproximar dela.

Adelson contou que tinha planos de passar o ano novo em Machado com a família e a então namorada, que também era do interior, e sugeriu que Cássia fosse junto. Ela aceitou a carona. Chegaram na região de Presidente Prudente por volta das oito ou nove da noite, na véspera da passagem do ano, e fizeram uma parada na casa de tia Zuleica. Adelson queria só dizer que havia chegado bem antes de levar Cássia e a mãe dela ao seu destino final. A surpresa foi que a suposta namorada estava lá e não gostou nada de vê-lo acompanhado de outra menina. Cássia ficou sem jeito com a cara feia da garota e a confusão que se armou na casa. Então, foi esperar o amigo no carro. Adelson disse aos tios que a levaria para a casa da avó e depois voltaria para passar a virada com eles.

Cássia se lembra da reação de sua avó quando conheceu Adelson naquele dia:

— Filhinha, convida o seu namorado para ficar.
— Não, vó, ele não é meu namorado.

Adelson se meteu na conversa:

— Não, vó, não tenho namorada, porque ela brigou comigo e eu não vou voltar lá.
— Você não está entendendo. Você vai voltar, sim – Cássia retrucou.
— Filhinha, você que não está entendendo. Ele quer namorar você – disse a observadora senhora.

Adelson não voltou mesmo para a casa dos parentes. Nem na noite de ano novo, nem nos dias que se seguiram. Se, logo no início, ele havia conquistado a confiança da matriarca do pedaço, pouco depois ninguém queria que o menino comunicativo, amável e festeiro fosse embora. Mas Cássia garante que não ficaram juntos durante aquela semana. Avisou que, enquanto ele não resolvesse a situação com a namorada e terminasse o relacionamento, ela não cederia.

De volta a São Paulo, eles mantiveram contato, mas Cássia logo descobriu que Adelson mantinha outro relacionamento com uma menina de Campinas, que este seria o "namoro de verdade" e, assim, reforçou a sua posição:

❛ Ele ficou em cima de mim, me pediu em namoro. Eu disse: 'Não quero namorar você. Você tem namoradas demais. Resolva a sua história com elas, depois posso pensar no seu pedido'. Ele já tinha terminado com a de Prudente, depois foi para Campinas terminar com a outra. Voltou no mesmo dia e me procurou para contar: 'Já terminei. Você aceita namorar comigo?'. ❜

Ficaram juntos dois anos depois que Adelson retornou do garimpo. E não demorou muito até nascer o assunto casamento. Ele falava sobre noivado, mas ela não queria, achava-se muito nova para isso. Até que ele propôs um almoço em casa, para que as respectivas famílias se conhecessem melhor. Cássia pensou que o encontro seria apenas uma demonstração de compromisso, de que o relacionamento era sério mesmo. No entanto, ficaram noivos no mesmo dia, e Adelson tinha até a data do casamento marcada. Atônita, ela ainda tentou controlar a situação: "Como assim?", "A gente não conversou sobre isso", "Não sei se quero casar ainda". Mas ele sempre conseguia o que queria. Casaram-se em 8 de dezembro de 1989, dois anos após terem se reencontrado, casualmente, na vida.

Com a mudança do laboratório de informática para o novo lar do casal, Cássia passou a trabalhar ao lado de Adelson na montagem dos computadores. Tinham pactuado não só amor na saúde e na doença, mas ainda o ideal de evoluir e melhorar de vida. Não poderiam ter encontrado maior fonte de sinergia, como demonstra Cássia:

❛ Éramos muito jovens, não tínhamos dinheiro, nem herança, só vontade de crescer. E eu vi a oportunidade de construirmos juntos um futuro. ❜

A visão de Cássia se realizaria com muita perseverança de ambos os lados. Pois, além dos desafios de prosperar em um contexto e uma época pouco férteis, tiveram que aprender a administrar universos particulares distintos um do outro. Ela conta que eles sempre discordaram: ele, atirado, apressado e curioso; ela, reservada, tranquila e ponderada. "Não é tudo na hora que você quer", ela o alertou por tantas vezes, sabendo que Adelson costuma escutar a opinião dela para elaborar suas próprias conclusões. Mas, quando a conversa não termina em consenso, um lado precisa prevalecer; geralmente, o dele. Tiveram ainda que cultivar compreensão e harmonia, em um esforço contínuo para ceder e ofertar, para conciliar hábitos opostos. E, se coube à Cássia o papel de conter a afobação e a urgência de Adelson quando preciso, ele, por sua vez, empenhou-se em lançá-la a uma constante celebração da vida.

Festa é assunto sério para esse casal. Algumas delas ocorrem no rancho, um espaço de convivência que eles montaram perto de casa, no alto de uma colina, preservando a simplicidade do interior, porém, com uma infraestrutura parruda para receber a família e os amigos, cozinhar e comemorar. O rancho é ainda mais rancho na época da tradicional festa junina: as bandeirinhas coloridas viajam de um lado a outro das cercas; o poleiro das galinhas vira cadeia; a pirâmide de troncos de madeira ultrapassa a altura de uma pessoa, anunciando que haverá fogueira; e uma área coberta é transformada em capela, onde Adelson, vestido de padre, simula um casamento caipira e debochado entre casais de namorados.

❝ Eu costumava ser superdiurna, mas com o tempo fui mudando. Vamos para balada, para festival de música eletrônica, carnaval na Bahia. Fora as festas que eu organizo – aniversários, festa junina, halloween, réveillon. Sempre tem algum evento. E, se não tem o que fazer, a gente arruma. No fim, um traz um pouco mais de equilíbrio à vida do outro. Por isso a gente dá certo. "

*

Filha única, Cássia Meireles vem de uma família regrada e conservadora, mas o que mais chama atenção em sua origem é a proximidade com as raízes indígenas, uma herança que seus cabelos lisos e castanhos, sua pele morena dourada e os olhos amendoados, discretamente puxados, evidenciam. Sua bisavó era índia de verdade. Foi Adelson que despertou na esposa a curiosidade por essa história e que descobriu, após algumas pesquisas, a ligação da família com a etnia Cariri, uma pequena tribo que desapareceu e não deixou vestígios, como outras tantas que habitaram a região Nordeste. Cássia conta que sua mãe, Maria, nunca teve interesse por esse passado e que, por isso, a tradição acabou se perdendo no tempo. No entanto, os laços de sangue perpetuam costumes hoje desaprovados por nossos dogmas sociais: já falecidas, suas duas avós eram irmãs.

Os pais de Cássia, unidos primeiramente pelo parentesco de primos diretos, nasceram em Campos Sales, cidade no interior do Ceará, na região da Chapada do Araripe, quase 500 quilômetros distante de Fortaleza. Viveram, porém, a maior parte do tempo em São Paulo. Aos 13 anos, Cássia perdeu o pai em um acidente de carro, fato que obrigou mãe e filha a darem conta de si mesmas e a se apoiarem uma na outra para enfrentar a vida, buscando, inclusive, uma nova fonte de sustento para a casa. Maria cuidava apenas do lar, até então, e teve que assumir o papel provedor do marido, além de garantir sozinha uma rígida educação para a filha. Cássia precisava ajudar e, aos 15 anos, também começou a trabalhar.

A dedicação de Maria à filha só cresceu após o casamento com Adelson e a vinda dos netos, reafirmando a sua missão de ajudá-la, agora, a cuidar de seu próprio núcleo familiar e de seu lar, mantendo-se por perto sem interferir. Cássia diz que a mãe nunca foi de se meter em sua relação com o marido, a menos que fosse para defender Adelson. E também para pedir à filha para ser forte e ter paciência, afinal, casamento era feito para durar. Esses conselhos, de alguma forma, influenciaram a decisão de Cássia ao deixar Victor e Gabriel sob os cuidados de Maria e voar para Paris. Diferentemente de Adelson, não agiu por impulso ou fragilidade emocional e, sim, pela determinação de extinguir a dúvida, o inacabado, o mal explicado. Precisava colocar um fim àquele momento de incerteza em seu relacionamento e, se tudo desse certo, traria Adelson de volta para casa.

Cássia não é de se alongar em detalhes e repetições. Expõe, apenas, o essencial. Narra o que ocorreu, não o que parece ter ocorrido, sem recorrer a subjetividades ou inventar suposições. Quando pedi a ela que me contasse sobre a fuga de Adelson e os fatos que antecederam esse episódio, eu já esperava uma outra versão dos fatos, mas não uma tão lógica, simples e pragmática:

❛ Uma longa história, né? Como todo casal, tivemos problemas no relacionamento. E essa foi a prova de fogo. Eu estava muito dedicada às crianças e Adelson acabou ficando um pouco ausente, trabalhando muito. Então, teve esse relacionamento com uma moça, um *affair*. Acabei descobrindo primeiro, porque a gente percebe, depois ele me contou. Disse que estava confuso, começou a surtar. Ela ainda ligava para minha casa, começou a fazer da nossa vida um inferno. Eu fiquei muito magoada e falei para ele sair de casa, que, se fosse preciso, eu criaria os nossos filhos sozinha, mas que não viveria daquela forma. ❜

Apesar do sofrimento inevitável, ela esperou. Não iria simplesmente desistir de tudo o que já tinham construído juntos. Mas resgatar Adelson de um estado emocional em chamas nunca foi tarefa fácil para ninguém que o ama. E isso inclui Miguel, que, juntamente com Cássia, tentava injetar um pouco de serenidade e razão no sangue quente que borbulhava em suas veias.

Pergunto a Miguel que conselhos dava a Adelson nessa época:

❛ Os que eu sempre dei: *there's a season for everything* – existe uma época para tudo e tem que viver cada fase, mas há momentos em que fazemos apostas para a vida. Ele tem um QI fora da curva, mas quando está feliz, está feliz pra burro. Quando sofre, sofre demais também. Decisões sérias não podem ser tomadas por impulso, principalmente quando se tem um projeto de vida mais longo, como ele tem com a Cássia. Eu fazia perguntas de forma a levá-lo a pensar de forma mais estruturada e a chegar às respostas dele. Eu sabia que ele iria descobrir o que era melhor para ele. ❜

*

Cássia desligou o telefone. Só iria falar novamente com Adelson se fosse olho no olho. Arrumou suas coisas e partiu. Antes, havia viajado para a Europa uma única vez, e acompanhada do marido. Ele daria um jeito de estar lá. Sentia-se determinada a resolver a história e otimista de que ele estaria à sua espera, aguardando ansioso no aeroporto internacional Charles de Gaulle, para conversarem. No entanto, ao chegar ao desembarque, não o encontrou. Ela procurou um telefone público e discou para o hotel onde se hospedaram quando foram juntos para Paris, mas se desapontou ao descobrir que não havia hóspede com o nome de Adelson de Sousa – ele se registrara com outro nome, para que não fosse mesmo encontrado. Então, ela sentou-se em uma poltrona, pousou sua mala ao lado e aceitou que não havia mais nada a fazer. Esperaria a loja da companhia aérea abrir para remarcar a sua volta no próximo voo para o Brasil.

Adelson estava perdido. Mas agora não era nos labirintos de seus pensamentos e, sim, nas estradas e nos anéis viários ao redor de Paris. "É com ela que quero ficar, é isso que quero para a minha vida", ele pensava, enquanto dirigia um carro alugado, pela primeira vez, na cidade. Saiu duas horas antes de o voo de Cássia pousar, porém, não conseguia se comunicar para pedir informação e se localizar. Somente achou o seu caminho quando parou em uma pequena cidade e, nela, encontrou um homem que entendeu a sua aflição e desenhou, num pedaço de papel, a rota até o aeroporto. Adelson chegou ao seu destino duas horas após o avião de Cássia ter pousado. Ele se desesperava ao imaginar tudo o que passava pela cabeça dela, sozinha, aflita, decepcionada.

Já no aeroporto, marchou pelo corredor e, ao final dele, avistou Cássia, sentada no mesmo lugar, com a mala na mesma posição. Ela não havia saído de lá um só instante.

Pergunto a Adelson o que ele disse quando a viu:

❛ Que eu a amava muito. Que ela era a mulher da minha vida e que a gente iria resolver tudo. ❜

Como se ele houvesse libertado a própria consciência de um lugar fora de seu domínio, Adelson se acalmou, sentindo o alívio de quem ganha mais uma chance de fazer a coisa certa. Cássia, apesar da disposição em perdoá-lo e da certeza de que poderiam recomeçar, manteve a razão em seu lugar: ele precisaria dar demonstrações reais de que estava seguro de sua escolha. De que entendia e honrava a importância do relacionamento entre eles e de tudo o que essa união foi e ainda seria capaz de construir. Essa foi a única condição. Porque, para Cássia, o homem que ama não deveria ser julgado e penalizado por seus erros. Como escreveu a autora holandesa Corrie ten Boom, "o perdão é um ato da vontade, e a vontade pode funcionar independentemente da temperatura do coração".

No decorrer dos dias que se seguiram, Adelson e Cássia viajaram pelo interior da França, acompanharam jogos da seleção brasileira na Copa do Mundo, conversaram e desfrutaram da presença um do outro, sem interferências de dúvidas e medos. Quando retornaram ao Brasil, a decisão dele estava não apenas tomada, mas protegida de qualquer ameaça.

Adelson ligou para a mãe de Ana:

— Não posso mais comunicá-la sozinho. Preciso que a senhora esteja ao lado da sua filha porque não tem mais volta.

Explicou que a menina estava doente, mas que ele não poderia mais sacrificar a própria vida para preservá-la. Sugeriu que seria melhor para Ana deixar São Paulo, quem sabe estudar fora e retomar a vida dela em outro lugar, em outras condições. A senhora pegou um avião no dia seguinte.

Adelson relembra a conversa derradeira com Ana:

❝ Falei que gostava dela, que queria ajudá-la a cuidar de si mesma. Com muito custo, ela aceitou viajar para Londres e se matricular em uma escola de línguas, com a promessa de que eu fosse visitá-la todo mês. Naquele momento, eu era capaz, novamente, de prometer qualquer coisa. Reforcei que a mãe não podia sair do lado dela até que se organizasse. Acho que ela vive na Inglaterra até hoje, mas nunca mais a vi. Talvez tudo aquilo fosse uma fuga dela. Vi uma pessoa super feliz, viva, festiva e bem relacionada se tornar depressiva e doente. E eu quase fui junto. Cheguei ao limite. **"**

Por algum tempo, Adelson questionou se deveria expor essa passagem de vida neste relato biográfico. Preocupava-se não com a própria imagem, mas em respeitar o espaço e o sentimento de Cássia, e até mesmo o de Ana, ainda que seu nome verdadeiro fosse omitido da narrativa. Como biógrafa, nunca tentei convencê-lo do que fazer a esse respeito, mas, como leitora, eu queria me sentir merecedora dessa história. Pois, no fim, ela nos presenteia com verdades preciosas, como a ousadia de incomodar um dos maiores tabus sociais – a fidelidade e a culpa a ela intrínseca – e a constatação de que o amor sincero valoriza mais a si mesmo do que ao ego. Como iríamos narrar essa história? Com tranquilidade. E, principalmente, com o consentimento de Cássia.

A superação do momento mais difícil na relação entre o casal tornou-se um ponto de virada para tempos de mais maturidade e cumplicidade. Como se tivessem vencido o combate contra o monstro mais temido no jogo da vida e do amor, em uma jornada que se encaixa como luva em trecho lindamente escrito, por Gabriel García Márquez, em uma de suas muitas obras-primas: "Juntos, eles haviam superado a incompreensão diária, a aversão instantânea, a sordidez recíproca e os fabulosos lampejos de glória da conspiração conjugal. Foi quando ambos melhor amaram um ao outro, sem pressa ou excesso, quando ambos tiveram mais consciência e gratidão por suas incríveis vitórias sobre a diversidade. A vida ainda apresentaria a eles outros desafios morais, é claro, mas isso não mais importava: eles estavam na outra margem".[29]

---

[29] Trecho extraído do romance fantástico *Amor nos Tempos do Cólera*, de 1985, uma das obras mais aclamadas do escritor colombiano Gabriel García Márquez, Prêmio Nobel de 1982.

Pergunto a Cássia se Adelson e ela mudaram, de alguma forma, ao longo do tempo:

❝Estamos mais maduros. Adelson menos ansioso, embora ainda muito acelerado. Eu era ciumenta, mas depois desse episódio, nunca mais. Tenho total segurança no meu marido. Ele sempre fez questão de mostrar que tem uma família, que é feliz e que tem a mim. A relação entre nós não mudou nada. A gente continua trabalhando muito, correndo atrás. Ele é a pessoa que me motiva.❞

Adelson havia sido resgatado. Ele estava, novamente, em casa.

Capítulo 14

DE HOJE EM DIANTE

Eu sou da época em que professor corrigia e educava as crianças com tapas de régua e palmatória, castigos dos mais diversos, como ajoelhar sobre o milho, e outras "metodologias" repressoras que a ética daqueles tempos admitia. Quando garoto, meu erro mais comum era trocar o 'p' pelo 'b', e vice-versa, o que me fez alvo da boa intenção dos antigos educadores. Por muitas vezes, senti nas mãos o peso da minha dificuldade com a articulação das palavras. É interessante como as referências morais de uma época se transformam de tal maneira que, em poucas décadas, elas se tornam obsoletas e condenáveis. A sociedade aceitava o constrangimento e a punição como métodos de ensino e, hoje, entendemos os efeitos que essa memória pode imprimir na vida adulta, às vezes de forma definitiva. Eu mesmo devo ser o resultado desse perigoso legado da infância, já que, até hoje, preciso lutar contra o bloqueio de escrever e o medo de me equivocar na pontuação, na ortografia ou na elaboração da ideia. Para um sujeito que correu tantos riscos na vida e escapou de uma tentativa de homicídio, parece um excesso dispensável e até tolo dizer que precisa de coragem para escrever um livro, ou mesmo um parágrafo para as redes sociais. Mas é verdade. No fim, só você pode saber a carga que existe dentro de si e o esforço necessário para conviver com ela.

Eu abandonei a escola no primeiro ano do colegial e só comecei a perceber o poder do conhecimento quando entrei no negócio da comunicação, especialmente, quando a IT Mídia nasceu. Além do desejo de me tornar um empresário consistente e capaz de tomar boas decisões, eu tinha, agora, uma empresa cuja missão era, em sua essência, ofertar informação. Entre tantas oportunidades edificantes que a IT Mídia me proporcionou, o contato com brilhantes pensadores, filósofos, historiadores, futuristas, cientistas e educadores de nossos tempos foi a mais reformadora. Tive o privilégio de compensar o que um dia me faltou. E não falo apenas do compartilhamento de conhecimento teórico, mas de grandes ideias e de visões inspiradoras sobre as expressões da vida – o medo, a arte, a criatividade, a dinâmica natural de ação e reação, o meio ambiente, a inovação, a conexão com um propósito. Tantos temas caros para a nossa sobrevivência e felicidade sobre este planeta. Não foram poucas as vezes que, em nossos fóruns, notáveis executivos - médicos, engenheiros, comunicadores, economistas – vieram me abraçar, com lágrimas nos olhos, após uma palestra provocadora, agradecendo pela chance de vivenciar tal experiência. Em todos esses momentos, eu senti que estava fazendo a coisa certa da minha vida.

No início da IT Mídia e nas primeiras edições dos fóruns, Miguel e eu custamos a acreditar na força que começávamos a mover: "Cara, será que eu estou sonhando?". Como quando você esfrega os olhos para confirmar se o que vê é real. Foi assim em outubro de 2001, quando lançamos o Business Forum, evento para CEOs das maiores empresas do País. Definimos que nosso principal *keynote speaker* seria Al Gore, um dos mais influentes líderes de nossa época. Um ano antes, ele havia perdido a polêmica eleição à presidência dos Estados Unidos para George W. Bush e estava decidido a passar um ano afastado da mídia. Antes de executar o seu plano, porém, convencemos o ex-candidato a vir ao Brasil. E, então, uma tragédia histórica acontece: 11 de setembro de 2001. Com o ataque terrorista às "torres gêmeas" de Nova York, três semanas antes da realização do Business Forum, a presença de Al Gore se tornou uma grande incógnita, para não dizer uma ilusão otimista. Os seus assessores até sinalizavam que o compromisso dele seria mantido, mas, mesmo às vésperas do evento, a verdade é que não havia uma certeza. Lá estava eu na Ilha de Comandatuba, no Hotel Transamérica, tomado por um estresse danado e recebendo os convidados, um a um, que começavam a desembarcar das balsas. Enquanto isso, Miguel aguardava na pista do Aeroporto de Cumbica, em Guarulhos, ao lado do jato executivo que contratamos para levar a estrela do evento para a Bahia. A negociação com seus assessores levou em consideração a compra de quatro voos, em diferentes companhias aéreas. Um deles sairia de Washington, dois de Nova York e um de Miami. Em todos os trechos, a reserva foi feita com um nome fictício. Tivemos que assinar, inclusive, um termo de confidencialidade e sigilo para que essa identidade não fosse revelada. Na madrugada anterior ao embarque, o agente de Al Gore ligou, confirmando que ele estaria lá, que poderíamos seguir com o plano. Só que, em Cumbica, as listas de passageiros de todos os voos reservados mostravam que ele não havia embarcado.

Eu pensava em como daria a má notícia aos convidados, no nervosismo que tomaria o meu time e no impacto que o imprevisto traria à imagem da companhia.

Como se fosse hoje, Miguel revive a cena de ver uma van se aproximar do jato executivo e, dela, sair um homem alto, de barba encorpada. "Será que é ele mesmo?", pensou. Meu telefone tocou. Era Miguel. Ele dizia que o sonho iria mesmo se concretizar: nosso convidado e ele estavam no avião, a caminho. Eu não sei dimensionar a descarga de tensão que senti quando aquela aeronave pousou em Comandatuba.

Eventos são momentos de muita expectativa e adrenalina, como se você estivesse pronto para mergulhar no céu com um paraquedas nas costas. Imagine, ainda, quando é a sua primeira vez. Em 1999, estreou o IT Forum, que viria se tornar o negócio mais relevante da IT Mídia e a materialização de uma maneira bastante peculiar de reunir as pessoas em um encontro de negócios. Montamos um novo modelo de evento, que não era exatamente uma feira, nem um congresso, nem nada parecido com o que existia no mercado até então. Juntamos o dinamismo de feiras como Fenasoft e Comdex, a sacada dos norte-americanos de isolar clientes em um resort paradisíaco, uma agenda complexa de reuniões de negócio, sessões de conteúdo relevante e estruturado e, ainda, algo que, naturalmente, já fazíamos com facilidade: receber bem as pessoas, construir intimidade e criar vínculos.

Quando idealizamos o primeiro IT Forum, em 1999, já sabíamos do desafio que seria bloquear (por cinco dias) as agendas de executivos importantes, com quem todo o mundo queria ter uma chance de falar. Então, despachamos os convites em uma caixa. Nela, guardamos uma agenda de couro, envolvida por uma corrente robusta e trancada com um cadeado cromado. "Fechamos a sua agenda do dia 20 a 24 de outubro", dizia a mensagem. Para saber do que se tratava, o convidado tinha que mandar um e-mail para a IT Mídia e, então, receber a senha que abriria o seu cadeado; assim, destravaria a programação do evento. Quando as balsas com CIOs (executivos da área de TI) e patrocinadores começaram a se aproximar de Comandatuba, aí sim eu comecei a acreditar: vai acontecer. O fato é que, quase vinte anos depois da entrega do primeiro evento, a inquietação que agita a mim e a toda equipe às vésperas de um fórum não mudou muito. Questionamos, checamos e verificamos novamente todo detalhe. No fim, a pergunta mestre que precisamos responder é: será que faremos com que essas pessoas se sintam bem durante os dias que virão pela frente?

*

Até a fundação da IT Mídia, eu saltei de um empreendimento a outro com o desprendimento de quem não tem nada a perder, o que parece uma contradição absurda para um sujeito que, na maior parte do tempo, foi impulsionado à ação pelo medo de perder o que já havia conquistado. É claro que eu demorei para tomar consciência disso. O que eu sabia, após o processo de venda da *Byte* para a Globo, era que precisávamos criar uma empresa organizada. Só que nem eu nem Miguel conhecíamos profundamente sobre gestão. Pouco conhecimento eu tinha sobre administração de uma empresa e, embora Miguel fosse muito mais esclarecido do que eu, ele também nunca teve perfil de gestor que se mantém ali, conduzindo equipes, cobrando, executando, acompanhando atividades. Trata-se de uma convenção entre nós, um acordo que temos há duas décadas – para Miguel, seria um sofrimento cuidar da gestão do dia a dia da companhia. Com esse entendimento pactuado, tomamos uma decisão: vamos trazer gente boa para trabalhar conosco. No período de um ano, recrutamos três executivos, que viriam a ser sócios da empresa também, cada um com uma competência distinta e complementar: Murilo Martins, jornalista, e Ademar de Abreu, comercial, ambos egressos da editora Abril, e ainda João Paulo Colombo, gestor financeiro, que antes trabalhava na gráfica das organizações Globo. De 1997 a 2002, a IT Mídia percorreu uma fase de crescimento acelerado, construindo um portfólio extenso de publicações para os setores de tecnologia da informação e telecom, entre eles a respeitada Computer Reseller New, que mais tarde seria conhecida apenas como CRN, a mesma que ficava exposta sobre as mesas dos fornecedores que eu visitava nos Estados Unidos quando integrava PCs. Diversos competidores entraram no mercado para fazer frente à revista, o que foi um estímulo para o nosso time durante os felizes 17 anos em que publicamos esse título no Brasil. Eu até posso ser suspeito para opinar, mas aposto que, se você questionar qualquer profissional do mercado de canais de distribuição de TI sobre a força dessa marca e sua relevância para os players do setor, a resposta será: a CRN era a CRN. E ponto.

Depois, trouxemos a InformationWeek para falar diretamente com os maiores compradores de tecnologia da informação no país e, ainda, lançamos as revistas Telecom Negócios, Network e Innovation Technology. Definimos o foco em mídias de negócios de TI e Telecom, uma estratégia pouco explorada, até então, pelos concorrentes, que buscaram, a princípio, o mercado de consumo, falando com o usuário final. Eu me lembro de quando o maior barato do nosso negócio era vender anúncio em revista – juntamente com eventos, a publicidade impressa recebia altos investimentos e, naquela época, pouco se falava sobre mensuração efetiva de resultados dessas ações, de ROI (retorno sobre investimentos) e outras exigências que a internet provocou. Isso porque o meio offline não permitia a interação com o público, a fim de saber o impacto real da comunicação sobre seu comportamento. Então, no ano 2000, a IT Mídia lançou o IT Web com uma festa no Credicard Hall para mais de 3 mil pessoas, com show do Paralamas do Sucesso. Na época, ninguém pensava sobre abordagem multiplataforma, mas nós já estávamos estruturados dessa forma: impresso, web, eventos – entramos em 2000 com Reseller Forum, IT Forum, Telecom Forum e, pouco depois, Business Forum – e, ainda, os estudos e as premiações.

O trabalho de construção da marca IT Mídia e dos produtos ocorreu de maneira bastante consistente durante todo esse período de desbravamento de mercado e sou muito grato aos meus sócios por isso, em especial Ademar e Murilo, que sempre insistiram na importância de investir nesse sentido. Miguel também já tinha essa visão, enquanto meus pensamentos estavam predominantemente voltados ao crescimento. O sonho de ser grande movia a todos nós e a criação de planos ousados de desenvolvimento, entre eles a expansão geográfica da CRN para a Argentina, a partir da aquisição de uma editora local. Pois é, empreendedor carrega seus vícios. Acostuma-se a identificar uma oportunidade, apanhá-la antes que outro o faça e aceitar que tudo pode dar errado. De fato, algumas coisas deram errado. Apesar do ganho de maturidade da empresa como um todo e da velocidade com que crescíamos, o lançamento da CRN Argentina nos levou a perder foco, tempo e dinheiro, gerando risco e dívida. Além disso, os resultados em geral apresentavam baixa lucratividade, o que é um desafio comum entre jovens companhias e uma lição que qualquer empreendedor tem que aprender rápido: você pode dobrar, triplicar o seu faturamento, mas, sem a capacidade de gerar lucro, não há negócio que resista.

Os números não vinham, e um conflito societário passou a evoluir, muitas vezes, para confronto. Faltava alinhamento à convivência e à forma de pensar, nada mais natural diante de um quadro executivo complexo: todos os sócios trabalhavam na IT Mídia e, por volta de 2005, havia também os interesses dos dois fundos de investimentos que já eram acionistas da companhia. Por uma decisão da maioria – minha, de Miguel e João Paulo, juntamente com os fundos – compramos as participações de Murilo e Ademar. Está certo que terminar relacionamentos de qualquer natureza nunca é um processo simples, mas acredito que eu tenha realizado essa mudança com o cuidado que a situação merecia e com respeito aos sócios, até porque a contribuição deles foi fundamental.

Mas, voltando um pouco no tempo, ainda em 2002, estabelecemos a visão de um novo projeto estruturado de crescimento, desta vez, voltado a replicar, nos principais setores da economia, o modelo de negócios multiplataforma que construímos em TI e Telecom. Essa diversificação de foco de atuação e portfólio de produtos nasceria de uma única base, de uma só proposta de valor. Eu não me lembro do fórum, nem do ano, em que esse episódio ocorreu. No palco, Miguel explicava o posicionamento da IT Mídia. "Conteúdo, relacionamento e negócios", ele resumiu, de maneira totalmente espontânea e intuitiva. Anotei aquelas três palavras no primeiro pedaço de papel que encontrei, montando a tríade que perdura por quase duas décadas de história da companhia.

— Miguel, você disse o que a gente faz, a síntese de tudo! – desabafei com ele mais tarde.

Conteúdo, Relacionamento e Negócios. Sobre esse tripé, construímos a marca e a missão da IT Mídia. E pensar que tudo partiu de um discurso sincero e improvisado, como Miguel e eu ainda gostamos de fazer, eventualmente contrariando as recomendações de nosso time para planejar, estruturar e roteirizar a fala.

Nesse novo plano estratégico, determinamos um horizonte de cinco anos para desenvolver os mercados de saúde, agronegócios, finanças e construção, todos eles fontes de investimentos expressivos em mídia e marketing. E, para absorver o conhecimento e uma marca setorial, deveríamos buscar aquisições. No mesmo ano, o primeiro fundo de investimento entrou na IT Mídia e, pouco antes da virada para 2003, compramos as revistas *Guia de Fornecedores Hospitalares* e *Saúde Business*, da editora Guia. Vieram, em seguida, o Saúde Business Forum e o portal Saúde Business Web. Já em 2004, após a entrada de um novo fundo de investimentos, concluímos a segunda aquisição, a da publicação Agrinova, do Rio Grande do Sul, alcançando o setor de agronegócios. Na sequência, lançamos o Agriweb e Agri Forum. Um ano depois, seguimos firme na realização do plano, colocando uma enorme energia nas negociações para compra da principal editora de revistas na área de construção. Mas não conseguimos chegar a um acordo. Por fim, lançamos a vertical de finanças, com a revista Financial Report, o Financial Forum e o Financial Web, trazendo para a nossa comunidade diretores financeiros das maiores empresas do Brasil.

Estou dizendo que o casarão da Rua Itápolis, no Pacaembu, onde a sede da IT Mídia nasceu e permaneceu até 2007, ficou pequeno para tanta determinação e tanta gente. Aumentamos os times, o espaço, a confiança em nossa capacidade de realização, os investimentos e, claro, o faturamento. Do planejamento de cinco anos, o único objetivo que não atingimos foi o da vertical de construção. Só que as coisas claramente não estavam bem. Na teoria, o plano tinha base, lógica, consistência. Mas, na diferença entre o fracasso e o sucesso de um negócio, existem nuances que nem sempre podemos prever. Entendi que não seria simples para uma empresa especializada em conteúdo e mídia setorial reunir todo o conhecimento e a profundidade exigidos para realizar um trabalho de qualidade. No fim, a estrutura começou a ficar caríssima e a conta não fechava.

Quando transferimos a IT Mídia para a cobertura do Edifício Berrini 500, em uma das mais importantes regiões empresariais de São Paulo, a unidade de agronegócios já tinha sido descontinuada. A decisão gerou fortes embates nas reuniões de conselho administrativo da empresa, pois um dos fundos de investimento não queria aceitar a proposta de recuar a expansão setorial. Então, apesar do fechamento da vertical de agro, ficou acordado que faríamos mais uma tentativa com o plano de diversificação. Por insistência desse mesmo fundo, apostei em uma nova investida para adquirir a mesma editora de construção. Trabalhei muito, por vários meses, para efetivar esse negócio e chegamos perto, mas, a partir de certo ponto, não houve mais evolução. Então, em setembro de 2008, recompramos a participação de um dos fundos e, em junho de 2010, a do segundo. A partir disso, decidimos focar somente em TI e saúde, o que já era a minha vontade há algum tempo.

O financiamento do projeto de levar o conceito de mídias de negócio multiplataforma para outros setores comprometeu o caixa da companhia. Foram anos duros de reestruturação, de pagamento dos fundos e das dívidas e da saída de pessoas valiosas para nós. Por outro lado, a empresa era nossa novamente. Com o apoio da Fundação Dom Cabral (FDC), desenhamos um novo plano estratégico e, mais do que isso, trouxemos para perto professores brilhantes da instituição, que, dentro de um programa de crescimento acelerado, acompanharam nossos indicadores e nossos passos. Eu me lembro de quando decidimos realizar um investimento significativo em mídia digital, com a compra do Forum PCs e do Catálogo Hospitalar, uma ideia que os professores da FDC questionaram severamente.

— Você está doido? – disse um deles, quando viu o montante dedicado às aquisições e à infraestrutura tecnológica.

Mas eu convenci a ele e aos demais de que aquele movimento era necessário para aumentar a competitividade e gerar novas receitas para a companhia. O mundo se tornava digital e os investimentos em publicidade impressa recuavam.

Então, em 1º de novembro de 2010, uma perda me desviou desse caminho.

*

Do diagnóstico de câncer até o seu último dia de vida, tudo ocorreu muito rápido. Aos 45 anos, meu cunhado, Vilas, faleceu, deixando uma empresa – uma fabricante nacional de PCs – que faturava em torno de 500 milhões de reais ao ano, mas que não estava pronta para rodar sem ele. Eu não tive dúvidas. Naquele momento, minha irmã e meus sobrinhos precisavam de mim. Chamei os executivos da IT Mídia, expliquei a situação e confiei a eles a responsabilidade de tocar o negócio enquanto eu dedicava parte importante de minha vida à família e a tentar organizar a companhia de Vilas para que prosperasse sem ele. Com uma distribuição clara de papeis, a IT Mídia ficou nas boas mãos de Miguel, responsável pelo relacionamento com o mercado; João Paulo, competente gestor de finanças e operações; e um terceiro executivo, que chamarei de Marcelo, a quem dei autonomia total para gerenciar vendas, marketing e editorial. Prefiro omitir seu nome verdadeiro para que isso não pareça uma tentativa de culpar alguém por um erro que eu mesmo cometi. Também não quero expor ninguém por ter cometido seus próprios erros.

Na IT Mídia, circulavam rumores de que eu estaria preparando Marcelo para ser meu sucessor. Não porque eu tivesse intenção de me afastar do negócio, mas, como empresário mais maduro e consciente, eu deveria ter um plano de sucessão e, mais do que isso, desejava cuidar mais das iniciativas de crescimento do que da operação. Só que esses não eram apenas rumores. Eu realmente treinava Marcelo para se tornar esse executivo. Ele merecia isso: em 2005, quando assumiu a unidade de saúde, elevou, no período de três anos, a participação da divisão de 7% a 35% do faturamento da companhia. Naturalmente, ofereci a ele algo a mais, incluindo uma parte da sociedade. Todas as equipes da linha de frente da companhia passaram a se reportar a ele. Em 2011, a empresa cresceu, mas perdemos margem e o problema de rentabilidade se repetiu. Além disso, um conflito na alta gestão rachou a companhia em duas metades. Marcelo e João Paulo entraram em uma disputa aferrada de opiniões e formas de agir, que não só transpareceu para o time, como também o influenciou negativamente. Uma guerra de ordem e contraordem dominou o clima da organização, em todos os níveis hierárquicos. Quando percebi, o estrago já estava feito.

Em meados de 2012, as dificuldades transbordavam. Então, chamei Marcelo para uma conversa séria, de líder para líder, para discutir a origem dos gargalos e a perda de resultado. Ele me explicou que as metas escapavam do alcance por três fatores. Primeiramente, porque o João Paulo atrapalhava o seu trabalho, e então fez críticas severas a ele, responsabilizando-o por grande parte dos problemas. A segunda justificativa foi a minha intervenção. Ele disse que eu não dava liberdade suficiente para ele agir. Por último, culpou a Fundação Dom Cabral, pois havia tornado complexa a gestão da companhia.

Eu o escutei.

— Vamos fazer o seguinte – falei – dá uma refletida sobre tudo o que você me disse. Eu vou refletir também e a gente volta a conversar amanhã.

No dia seguinte, pedi para Marcelo contar novamente a visão dele. Ele manteve os mesmos argumentos. Eu insisti:

— Temos o final de semana pela frente, dá uma refletida, eu vou refletir também.

Uma nova semana começou e eu não podia acreditar que ele não tinha ao menos uma falha, uma única vulnerabilidade a assumir.

— Estou fazendo a coisa certa – Marcelo afirmou.
— Então, não me resta outra saída a não ser desligar você – eu disse.

Mais do que me decepcionar com uma postura infantil e arrogante, esse episódio me entristeceu profundamente. Não se tratava, afinal, somente de uma decisão de negócios. Eu tinha um carinho imenso por ele. Marcelo sabia o quanto eu era apegado a meu cunhado e o que aquele momento de fragilidade emocional e familiar representava. O ano de 2012 foi terrível para mim e, não por acaso, para a IT Mídia também.

Como não percebi que o meu time não estava maduro o suficiente para conduzir o plano que desenhamos? Por que não procurei equilibrar mais o meu tempo entre a IT Mídia e o negócio de minha irmã? Como não vi a tensão que escorria da alta gestão da empresa para baixo, inundando as equipes de desânimo, angústia e dúvida? Eu sei que falhei em não ter analisado essas questões com mais cautela. Deveria, provavelmente, ter recuado no projeto de crescimento. No entanto, na vida de um empreendedor, reconhecer um erro e se arrepender dele são dois aprendizados aparentemente semelhantes, mas, na verdade, totalmente independentes. Eu errei. Só que não me arrependo. Tomei uma decisão para a minha família.

Um ambiente de desconfiança e de *turnover* altíssimo apropriou-se da companhia. Aquilo não era a IT Mídia. Discórdias e competição entre pessoas e áreas nunca fizeram parte de nossa cultura. Por isso, quando retornei em definitivo para o negócio, entendi que estava em tempo de uma reestruturação, de resgatar a essência da IT Mídia e de buscar, enfim, os resultados financeiros. Reprojetamos a estrutura societária, a partir da compra da participação de João Paulo, que me ensinou a gostar dos números. Ele dizia:

— Se você apertar os números, eles confessam.

Retornamos à sociedade original, com Miguel e eu à frente de todas as decisões. Também removi toda a diretoria e, com isso, 16 gerentes, do *back office* ao *front office*, ficaram sob minha gestão direta. Para reestruturar o negócio, realizei uma mudança radical na estratégia, impactando produtos e pessoas, e essa escolha me levou a mergulhar no dia a dia. Momentos como esse exigem do principal executivo, especialmente em pequenas e médias empresas, uma presença ativa, descendo ao nível da microgestão. Quando você parte para um processo de reestruturação dessa magnitude, serão três anos, no mínimo, de mão na massa e preparo do novo time. Não tem jeito: qualquer mudança que tentar realizar de outra maneira será superficial.

Juntamente com o time e com o apoio da FDC, construímos o novo projeto da IT Mídia. E, em toda a minha vida empresarial, nunca houve momento mais difícil do que aquele. Os questionamentos que começamos a fazer entre quatro paredes expunham nossas mais adoradas convicções. Somente uma certeza tinha o bônus da absolvição: a proposta de valor "conteúdo, relacionamento e negócios". Tudo podia mudar, menos essa tríade. Esse exercício de desapego testou até o mais sensato e racional dos homens, Miguel, que, em determinado momento da discussão, segurou firmemente nas mãos duas de nossas revistas e fez o grupo encará-las, confrontando a hipótese que havia surgido naquela mesa:

— Vocês querem descontinuar esses produtos? CRN? InformationWeek?

Ele chorou nessa hora.

Como assim, fechar a área de canais, ou então desistir da parceria com o segundo maior *player* de mídias de negócio do mundo, a United Business Media, dona das marcas CRN e InformationWeek? As emoções se inflamaram e não dava para criticar ninguém por isso. Tive que respeitar e tratar com carinho as reações de cada um, pois todos, afinal, criamos uma relação de amor e gratidão por aqueles produtos e pelas alegrias que nos proporcionaram durante tantos anos. Era como desistir de um filho. Mas a decisão foi tomada, a partir de uma visão estratégica, estruturada e consistente. Elegemos a marca IT Forum como identidade mestre de nosso portfólio, criamos a plataforma digital IT Forum 365 e concentramos os esforços de eventos em três grandes momentos: IT Forum, IT Forum+ e IT Forum Expo. Mantivemos também os estudos "Antes da TI, a estratégia", "100+ Inovadoras no Uso da TI" e "Executivos de TI do Ano".

De janeiro a dezembro de 2014, descontinuamos 45% da nossa receita. Além do fechamento das revistas, fizemos o *spin off* da área de saúde, que se tornou um negócio totalmente separado e batizado de Live Healthcare Media, empresa na qual Miguel e eu temos participação societária minoritária. Em 2015, começamos a viver, efetivamente, esse plano, voltando a nos concentrar exclusivamente no setor de TI. A prova de que toda renúncia não foi em vão veio em 2016 e 2017, quando a companhia apresentou seus melhores resultados de todos os tempos, inaugurando uma fase de lucratividade, maior competência de execução e um ótimo ambiente para trabalhar. Há várias conquistas das quais eu me orgulho ao olhar para a IT Mídia de hoje, mas é muito bonito, em especial, perceber a alegria e a amizade genuína que conectam as nossas pessoas. Foi um processo doloroso de reestruturação, mas reencontramos o que eu jamais quero que se perca novamente: a força do grupo, a aceitação de todas as crenças e pontos de vista, e a identificação de um propósito no que se faz, para que o trabalho seja uma fonte de prazer e realização para todos. E isso não é discurso de líder. Em 2016, nos tornamos uma empresa Great Place to Work, uma das instituições de maior reputação no estudo de clima oganizacional em todo o mundo. Existe, de fato, uma energia mobilizadora na IT

Mídia. A ponto de quem está de fora olhar e estranhar: como é que são tão felizes? De onde vem toda essa animação?

Vem de dentro.

*

A IT Mídia sempre foi um sonho profundamente desafiador para mim. Eu, que tanto já tinha vivido quando ela nasceu, encontrei um começo, o ponto de partida de uma obra de longo prazo e, também, raízes. A visão de ser o maior grupo de mídia B2B no Brasil nos colocou em uma expedição, que teve início em 1997 e seguiu por quase duas décadas. E ninguém pode dizer que os planos não deram certo. Pelo contrário, dos cinco setores da economia que fixamos como meta, só deixamos um pelo caminho. Foi uma jornada em busca de conhecimento, ponderação e razão, embora essa maior lucidez não tenha nos poupado, IT Mídia e eu, de diversos erros. Nesse ponto, nós dois temos trajetórias bastante similares. No fim, todo o arsenal de lógica e informação esteve sempre a serviço do sonho, nunca o contrário. Tem que ser maior, tem que fazer mais, eu pensava. Poderíamos ter crescido de forma moderada e orgânica, preservando a liderança de mercado e dando passos mais modestos. Teria sido um bom plano também. Afinal, movimentos bruscos geram oportunidades na mesma proporção em que aumentam os riscos. As aquisições consumiram muitos recursos e adicionaram complexidade ao negócio, em todas as esferas gerenciais. A implementação do plano de expansão ocorreu em um intervalo de tempo de balançar os mais otimistas: será que vai dar? Lançamos diversos produtos na sequência. Chegamos a realizar seis fóruns na Bahia, em um único ano, em um total de 40 eventos, considerando as conferências, as entregas de premiações e outros encontros realizados em São Paulo. Tivemos até 12 fechamentos de revistas, de oito títulos diferentes, em um único mês, além de cinco portais de conteúdo. Nada disso foi errado, apenas audacioso. Seria fácil, agora, olhar para trás e questionar as decisões que um dia tomamos. Fácil, porém cruelmente injusto com o passado. Além do mais, se o produto final dessa estratégia foi o tamanho reconhecimento que a IT Mídia hoje recebe do mercado, então não há o que consertar. Não há do que se arrepender.

Um dia, um professor da Fundação Dom Cabral me perguntou: se a IT Mídia deixar de existir, que falta vai fazer?

Eu penso muito nisso. Dos negócios de mídia setorial, poucos ficaram de pé após a revolução da internet, a mudança na forma como as pessoas consomem conteúdo e a derrocada da publicidade impressa. Além dos desafios macroeconômicos dessa década, esse foi um mercado impactado por uma crise própria. Isso me faz entender que, não fosse por fazer a diferença em uma comunidade, a história teria sido bem diferente. Eu sei da qualidade dos relacionamentos que criei na saúde, por exemplo, e de quão nobre é trabalhar em um setor vital para qualquer cidadão, em que cada pequena ação pode significar vida ou morte. Abrir mão disso nunca teria sido uma decisão do coração. E, exatamente por isso, o coração sente. Imagino que a saudade que tenho é a mesma que deixamos.

A IT Mídia fechou um ciclo. Voltou a olhar para frente, a crescer e a sonhar grande, agora com mais tranquilidade e segurança. Digo o mesmo sobre mim. Tem gente que precisa educar seus impulsos para não gritar, para não comer demais, para não correr na estrada ou para não se precipitar. O meu esforço é o de resistir ao instinto de fazer. De aceitar que posso parar, respirar, esperar, dar um tempo para a vida se ajeitar. Mas a verdade é: eu não quero parar. Especialmente se for para colocar algumas pessoas juntas. Eu gosto de gente. E é olhando nos olhos do outro que tomamos as melhores decisões.

A crise da mídia impressa

- No fim do século XX, as empresas de comunicação amargaram muitos prejuízos: o novo século começou registrando uma queda na circulação da mídia impressa, retração no bolo publicitário e crescimento das dívidas. Segundo dados divulgados pela Folha de S. Paulo, no período de 2000 a 2002, a circulação das revistas caiu de 17,1 milhões para 16,2 milhões de exemplares/ano. No mesmo período, o bolo publicitário foi de 9,8 bilhões de reais para 9,6 bilhões de reais. E, em 2003, o investimento em publicidade no país foi de 5 bilhões de dólares, segundo dados do Grupo de Mídia de São Paulo.[30]

- A crise do setor de mídia foi avassaladora durante os anos 2000. A dívida da mídia nacional chegou a R$ 10 bilhões em 2004 e, em dois anos, segundo dados do Ministério do Trabalho, as empresas de comunicação cortaram 17 mil empregos.[31]

- Para enfrentar as mudanças, grupos de mídia impressa apostaram em parcerias, fusões e no aporte de capital estrangeiro. Um exemplo foi a aliança entre as Organizações Globo e o grupo Folha, que lançaram o jornal *Valor Econômico*.

---

[30] MATTOS, Sérgio. "A revolução digital e os desafios da comunicação". Bahia: Editora UFRB, 2013. p. 208.

[31] LOBATO, Elvira. "Mídia nacional acumula dívida de R$ 10 bilhões", jornal *Folha de S. Paulo*. 15/02/2004.

Capítulo 15

SOBRE A CENTELHA ORIGINAL

São Paulo, outubro de 2016

Era madrugada de uma segunda-feira. Miguel sentiu fortes dores de cabeça. A esposa, Renata, rapidamente ligou para o serviço de emergência do Hospital Israelita Albert Einstein. Na sequência, o filho Guilherme ligou para Adelson.

O telefone tocou por volta das três horas. Adelson havia programado o despertador para as quatro, pois Cássia tinha uma cirurgia marcada para aquela manhã – um procedimento eletivo que ela ansiava realizar e que estava planejado há bastante tempo. Ela não ouviu a chamada. Para não acordá-la, ele saiu da cama e afastou-se para atender. Miguel havia tido um AVC, um acidente vascular cerebral.

Quando o despertador soou, Adelson já estava vestido e preparado para sair.

— Você já está pronto, amor? – Cássia entranhou.
— É, eu acordei um pouco antes de você.

Ele sabia que, se contasse para a esposa sobre o ocorrido com Miguel, ela desistiria da cirurgia. Sabia também que ela tinha o direito de saber o que se passava com o grande amigo da família e seu padrinho de casamento. A decisão estava nas mãos de Adelson e ele gosta de mostrar à dúvida quem está no comando de quem. Resolveu seguir com o planejado, guardando para si um segredo desconcertante. Ele precisava, naquele momento, ter a cabeça no lugar.

Chegaram ao hospital Albert Einstein, para onde Miguel também havia sido levado, às 5h, e foram para o quarto. Cássia iria operar às 6h. Ela sentiu a tensão em Adelson, que estava agarrado ao celular, trocando mensagens com a família do sócio e o médico neurocirurgião que abraçara o caso, um amigo de décadas. Para não deixá-la mais aflita e criar suspeitas, disse que iria para um café responder os e-mails mais urgentes e que voltaria em instantes, antes de ela ser encaminhada ao centro cirúrgico. Ela concordou e o incentivou. Quando retornou ao apartamento, Cássia estava pronta para ir. Ele se despediu da esposa e disse que, quando ela acordasse, ele estaria lá.

Ele correu imediatamente para a UTI. O médico reuniu Renata, Guilherme e Adelson em uma sala para explicar o quadro: um AVC hemorrágico de nível quatro na escala Fisher, o mais grave. A imagem da primeira tomografia mostrava o amplo percurso do sangue, na forma de rios brancos serpenteando os labirintos do cérebro. O doutor explicou que o índice de mortalidade daquele tipo de acidente chegava aos 50% e que dificilmente os sobreviventes escapavam das sequelas. Miguel estava acordado e lúcido, com a fala firme, o que surpreendia a todos. Havia duas possibilidades de ação. A primeira, uma cirurgia. No entanto, os exames do paciente constatavam um nível de plaquetas no sangue bastante inferior ao ideal, aumentando em cinco vezes o risco de óbito por hemorragia excessiva e falta de coagulação. O neurocirurgião, de sua parte, garantiu que confiava em sua mão, mas o caso era delicado.

— Em uma situação normal, eu não perco o paciente, mas o risco aqui é grande – disse.

A segunda hipótese era a embolização, um procedimento endovascular minimamente invasivo, feito com o uso de um cateter que navega pelos vasos sanguíneos até a região do aneurisma, inserindo pequenas molas de platina para bloquear o sangramento. O risco era alto.

— Quando algo dá errado, é uma verdadeira tragédia. Tem que partir para cirurgia de emergência e abrir a cabeça – alertou o neurocirurgião.

E tinha ainda uma terceira opção: não fazer nada, e ainda assim encarar uma probabilidade de morte altíssima.
Adelson conta que, naquele momento, sequelas nem estavam em discussão. O ponto se resumia a chances de vida ou morte. Antes de dar um tempo para a família para a tomada de decisão, o médico fez o mais delicado aviso:

— Vocês precisam chegar a um consenso, porque, se der certo, nós vamos comemorar. Mas, se der errado, um não pode culpar o outro. Vocês iriam acabar com a vida de vocês se isso acontecesse.

Naquela mesma sala, Renata, Guilherme e Adelson permaneceram por, talvez, quarenta minutos, mas já existia um entendimento comum sem que precisassem discutir pontos de vista. Optaram pela embolização.
Quando a decisão foi tomada, Adelson seguiu para o centro cirúrgico para ter notícias da esposa. Tudo corria bem. Ele voltou para a UTI e, enquanto a equipe médica preparava a realização do procedimento de Miguel, a cirurgia de Cássia, seis horas depois, havia terminado. Ela

já estava no quarto, desperta e bem, quando Adelson chegou. Ele resolveu, então, falar a verdade, com o acréscimo de uma "pequena" mentira: disse que Miguel já tinha feito a embolização e que ele estava ótimo. Mas ela reagiu com o desespero de quem ouve apenas a primeira parte da informação. Vitor pedia para mãe se acalmar, dizendo que isso faria mal a ela. Depois de tantas demonstrações na história de que a intuição de Cássia não está de brincadeira, pergunto a Adelson se ela realmente acreditou naquela versão:

❝ Acreditar, ela acreditou. Fui bem convincente. Mas ela pediu para ver o Guilherme. ❞

Adelson não tinha outra resposta a dar para a esposa, a não ser aceitar o pedido dela. Inventou que precisava sair para um compromisso de negócios e que, assim que retornasse da "reunião", buscaria Guilherme para vê-la.

— Vitinho, você não quer ir comigo? – Perguntou, convocando o filho.

Eles correram para o centro cirúrgico. A notícia de que o procedimento de Miguel havia sido bem sucedido chegou, levando todos a se abraçarem e comemorarem. Por telefone, o médico confirmou o resultado a Adelson, mas lembrou que ainda havia uma jornada pela frente. Ele virou-se para Guilherme:

— Você precisa vir comigo agora, cara.

Quando chegaram no quarto, Cássia soube, enfim, da verdade completa: a de que o procedimento terminara naquele instante. Poupá-la dos momentos de maior tensão não evitou, porém, a descarga de emoção e sofrimento acumulados, como se tivesse compartilhado de todos os fatos que antecederam a boa notícia.

Miguel estava completamente consciente, brincalhão e agitado. Sabia da gravidade do seu estado, mas, para Adelson, ele ainda não tinha a percepção real do risco. Ficou decidido que ele não receberia visitas durante o período de alta criticidade pós-procedimento – 12 dias. Precisava de repouso e sossego para atravessar aquela fase. Nada de emoções ou muitos movimentos. Miguel sentia-se disposto e inteiro, mas, poucos dias depois, ele desmoronou. O quadro, antes estável, começou a declinar, com a formação de hidrocefalia, o aumento de líquidos nas cavidades cerebrais, e vaso espasmo, espécie de contratação dos vasos sanguíneos, ambas complicações comuns em pacientes acometidos por AVC hemorrágico. Miguel mal conseguia se manter acordado. O neurocirurgião, contrariando a opinião de outros médicos envolvidos no caso, que queriam operá-lo de qualquer maneira, segurava a decisão. A sua experiência dizia que havia tempo para completar a contagem adequada de plaquetas e reduzir os riscos.

Foi nessa fase de espera que, um dia, Adelson desmarcou, em cima da hora, uma entrevista que tínhamos agendado. Ele mantinha o comando da IT Mídia, respeitando o trato que Miguel e ele fizeram no passado de manter o sonho vivo, caso um ou outro faltasse um dia. Adelson disse que estava à espera de uma corretora para visitar um espaço comercial que havia encontrado, por acaso, na região da Vila Olímpia. A procura por uma nova sede já tinha meses e, em um desses dias de angústia, ele saiu, sozinho, para caminhar. Foi quando se viu entre as árvores e os prédios de poucos andares de um condomínio corporativo. Sentiu que a busca havia chegado ao fim. Pensou em como Miguel iria gostar daquele lugar também. Ele tinha que viver para ver.

Quando a semana terminou e o sábado amanheceu, Adelson dirigiu ao hospital, choroso e desiludido, sabendo que o médico não poderia adiar a cirurgia por muito mais tempo. Seria uma intervenção de alto risco. No entanto, a caminho da UTI, encontrou Guilherme com um sorriso no rosto. O pai havia acordado, como se nada tivesse acontecido. O quadro voltava à estabilidade. "Parece que foi para o banheiro tomar banho com três enfermeiras e saiu de lá outro", foi a brincadeira espalhada, quando todos puderam respirar aliviados de novo.

— Vou esperar até amanhã. Até lá, as plaquetas estarão em um nível de menor risco.

Só que a cirurgia nunca ocorreu.

No dia 8 de novembro, pouco mais de um mês após o AVC, Miguel assistia a Adelson inaugurar o IT Forum Expo 2016, em São Paulo. "Mas como assim ele já está aqui?", muitos se perguntavam.

Adelson, no palco, compartilhava com o público a vitória de Miguel, que ainda administrava algumas fragilidades e recomendações médicas. Em março de 2017, durante a festa de despedida da sede do edifício Berrini 500, fez uma homenagem ao sócio, dedicando a escolha da nova casa da IT Mídia a ele. A celebração ocorreu juntamente com a entrega do prêmio Executivos de TI do Ano e a sensação da noite foi uma piscina de bolinhas nas cores da marca da IT Mídia.

Com Miguel de volta, estavam todos, mais do que nunca, radiantes e ansiosos pela mudança. As mesas desocupadas e as caixas empilhadas não mais entorpeciam pela nostalgia. Como disse o poeta Fernando Pessoa, "o meu passado é tudo quanto não consegui ser. Nem as sensações de momentos idos me são saudosas: o que se sente exige o momento; passado este, há um virar de página e a história continua, mas não o texto".

Virar a página pode ser uma prova de bravura e força interior. Mas, para quem recebe o bônus de uma segunda chance de viver, a decisão da mudança chega a ter a leveza de um passeio no parque ou do término da história que se conta a uma criança para ela adormecer. Adelson e Miguel compartilhavam, agora, não só amizade e sociedade, mas também a condição de sobreviventes.

*

Na nova sede da IT Mídia, logo à entrada do escritório, três arandelas em formato de pipas e de cor metálica decoram a recepção. Ideia de Cássia, assim como o jardim vertical, montado com caixotes de feira, e o balanço laranja, feito de plástico reciclado. Em uma parede, foi criada uma linha do tempo com os marcos da IT Mídia, da fundação ao ponto de retorno para o setor de tecnologia da informação. A cronologia acompanha um gráfico com o desempenho financeiro da companhia, tendo como auge os anos de 2016 e 2017. Adelson apresenta essa trajetória resumida a todos os visitantes que recebe pela primeira vez, no esforço de conservar a história e passar adiante a memória que não pode ser mantida apenas em suas lembranças. Estruturar o legado, para que ele perdure quando o curso natural da vida se encerrar, é uma tomada de consciência recente para a empresa. Uma tarefa geralmente adiada por quem tende a privilegiar o presente. Adelson também levou décadas para reconstruir episódios do passado que fundaram uma série de consequências e escondiam aprendizados necessários. Isso mostra como obra e criador vivem em comunhão. Influenciam um ao outro como uma corrente de ação que não se sabe bem onde começa e onde termina.

O entendimento sobre as decisões tomadas outrora podem confundir o sujeito mais vulnerável aos truques da saudade. Mas, para Miguel, nenhum erro pode suscitar remorso quando se tem uma direção definida, e isso muda tudo:

❝ Decisão equivocada é algo relativo, pois ela só se prova errada depois. Isso só o tempo diz. Até fizemos algumas escolhas por impulso ou intuição, mas ainda assim elas poderiam ter dado certo. De uma forma ou de outra, na IT Mídia, o que sempre fizemos foi seguir a estratégia. Pode ser o melhor negócio do mundo, mas, se não faz parte dela, esquece. ❞

A lealdade à visão que estabeleceram no início da empresa – a especialidade no setor de tecnologia da informação – evitou algumas tentações. Por exemplo, a oportunidade de publicar a prestigiada revista *Forbes* no Brasil, na época distribuída pela editora Camelot, que não estava dando certo e decidiu descontinuar alguns títulos. No início dos anos 2000, os sócios da IT Mídia foram abordados pelo então publisher da editora e da revista, Aluizio Falcão Filho. Eles analisaram o negócio, mas a resposta foi não.

Mesmo as previsões inexatas, que resultaram em prejuízo, obedeceram a princípios estratégicos – o crescimento geográfico e a expansão da atuação em TI. Foi o caso da filial na Argentina, com a distribuição da CRN para todo o Cone Sul, em edições quinzenais. O movimento teve incentivo dos executivos da UBM, que, dos Estados Unidos, vislumbravam uma presença maior na América Latina.

Mas, de todas as investidas, a entrada em outros setores da economia foi a mais expressiva e decisória na trajetória da IT Mídia e, também, na de Adelson, como empreendedor. João Molnar se recorda do momento de elaboração do plano de diversificação, durante um IT Forum realizado na Ilha de Comandatuba, na Bahia. Ele e outras lideranças da empresa, na época, se trancaram durante os cinco dias de evento em uma sala. Tinham a missão de sair de lá somente quando o "business plan" estivesse concluído, mostrando as verticais potenciais, as possibilidades de crescimento, números de mercado, dados sobre concorrência e outras informações para alimentar as expectativas dos fundos de investimento. Ao fim do encontro, mostraram a apresentação. Os investidores pensavam grande, viam uma oportunidade no conceito de mídias de negócios multiplataforma e exerceram uma influência importante sobre Adelson, desafiando-o a buscar o sonho que também era dele.

Com uma meta a perseguir, as aquisições começaram a se concretizar. As transações envolviam empresas de pequeno porte, com suas próprias limitações, como inconsistência dos demonstrativos financeiros, dívidas, equipes inchadas e falta de visão comercial e estratégica, o que trouxe risco e desafio gerencial à IT Mídia. Ainda assim, para Miguel, essa é uma história de decisões muito mais acertadas do que erradas, e que foram afetadas, também, por fatores externos. Por exemplo, a crise do agronegócio de 2004,[32] quando o faturamento de grandes fabricantes despencou.

A profissionalização estimulada pelos fundos tinha um apoiador fundamental, o sócio e diretor financeiro João Paulo Colombo, como lembra Seu João:

> ❛ O JP apurava todos os resultados por vertical da empresa. Ele era bom, nossa. Um sujeito muito inteligente e fazia uma boa interface com os fundos, atendendo todas as exigências deles do ponto de vista fiscal e legal. ❜

---

[32] Além da valorização do Real frente ao dólar, o que diminuiu a competitividade do Brasil no mercado externo, uma forte seca atingiu a produção agrícola no período. Segundo dados da Empresa Brasileira de Pesquisa Agropecuária (Embrapa), somente na safra 2004/2005, as perdas de rendimento de grãos nos estados do Rio Grande do Sul e do Paraná chegaram a mais de 78% e 23%, respectivamente, na comparação com a safra de 2002/2003.

Em sua jornada de empreendedor solo a cofundador de um grupo de mídia de prestígio nos setores em que atuava, Adelson agregou valiosas ferramentas: formação executiva na Fundação Dom Cabral e no instituto europeu Insead – duas das melhores escolas do gênero no mundo –, sócios e colaboradores qualificados, um plano consistente e investimento para financiá-lo. Abriu a mente para o mundo dos negócios, mas não perdeu o hábito de dono de reparar e atuar em minuciosidades da operação se fosse preciso. Como ocorreu poucas horas antes da abertura do IT Forum 2016. Ele ensaiava seu discurso quando se posicionou exatamente no centro do palco, à beira dele, observando o ambiente de eventos já montado para o jantar. Enfureceu-se com o que viu: o corredor que separava duas fileiras de mesas decoradas para a ocasião transgredia a simetria, estando dois ou três metros à direita do ponto central do palco. Chamou a atenção de todos que acompanhavam o ensaio e esbravejou o seu assombro com a falta de cuidado com aquele detalhe. As dezenas de mesas, todas arrumadas com toalhas brancas, utensílios de luxo – pratos, talheres de prata, taças, guardanapos de papel – e enfeites arrojados de flores, foram movidas, uma a uma, para obedecer ao paralelismo.

Esse mesmo fórum provou outra constante, intocada pelo processo de amadurecimento como empresário: se a oportunidade é promissora e desacomoda o que está confortável, ela merece, no mínimo, atenção. Gabi Vicari, parte do time à frente das ações de inovação da IT Mídia, recorda-se de quando recebeu uma ligação de Adelson, em uma noite de sábado:

❝Já era tarde. Pensei, ué, mas Adelson me ligando agora? Eu ouvia uma barulheira ao fundo. Não consegui entender quase nada, só ele dizendo: "Achei o novo IT Forum! Achei o novo IT Forum!❞

Ele estava na Tomorrow Land, a primeira edição no Brasil de um dos maiores festivais de música eletrônica do mundo, que propõe a vivência de um mundo imaginário, com a construção de um cenário convincente, produzido com tecnologia de ponta e qualidade cinematográfica. Quanta competência empresarial pode haver em um evento do gênero? Adelson queria uma resposta a essa pergunta e a encontrou. Encantou-se com a ideia de inserir as pessoas em uma história fantasiosa, baseada em um mote primordial para o ser humano. Convencidas pela visão do chefe, as lideranças da IT Mídia gastaram mais de 100 horas de planejamento para desenvolver uma dinâmica de *gamification*[33] e *storytelling*[34] para o IT Forum, tendo o apoio e a metodologia de uma consultoria de referência no assunto. Tudo ocorreu paralelamente às sessões de conteúdo e às mais de duas mil reuniões de negócio pré-programadas, tendo cada um dos convidados uma agenda individual. Tantos focos de atenção – uma história repleta de detalhes e personagens, cenário, figurino, material gráfico, aplicativo no celular – adicionaram uma complexidade inédita à execução da estratégia.

Em um passado não muito distante, Adelson não imaginava que negócios, planejamento e resultado pudessem coexistir com arte, criatividade e liberdade, de maneira harmônica e colaborativa – um favorecendo o outro, potencializando seu efeito. Aceitar que existe outra forma de fazer não significa apenas uma mudança de mentalidade, mas, na verdade, uma vigilância diligente sobre a centelha original que o guia desde sempre, que seguirá ativa e não gosta de resistir a tentações,

---

[33] Gamification, ou gamificação, é a aplicação do conceito de jogos, utilizando ferramentas digitais, design e tecnologia, com o objetivo de resolver problemas práticos, com impacto social ou de negócios. A metodologia tem sido bastante utilizada por empresas de todos os ramos para engajar públicos.

[34] Storytelling é como ficou conhecida, no marketing, a capacidade de contar uma boa história, com o objetivo de aproximar marcas e públicos e promover um maior engajamento dos consumidores.

embora esteja domesticada. Miguel testemunha esse amadurecimento, observando no sócio as recompensas desse esforço:

> ❛ Uma coisa que ele aprendeu é que somos o resultado das escolhas que fazemos na vida. Adelson era muito afoito e foi evoluindo, ouvindo muito mais as pessoas. O processo de tomada de decisão está sendo aprimorado, feito de forma mais estruturada, e isso baixou o nível de ansiedade dele. ❜

O exercício de selecionar os riscos e esperar o tempo certo de agir apresentou a Adelson uma fonte de qualidade de vida da qual ele se sentiu merecedor. No entanto, essa vantagem, sozinha, provavelmente não se bastaria. Não para um empreendedor visionário, acostumado, desde seus oito anos de idade, a atingir seus objetivos. Aperfeiçoar-se na arte dos negócios e da tomada de decisão lhe permitiu amplificar a potência de um talento: transformar sonhos em projetos altamente lucrativos.

Um deles chama-se Villa Greda.

DA PELE PARA DENTRO

A conexão foi imediata. No início da década de 1990, quando cheguei a Arraial D'Ajuda, no litoral sul da Bahia, tudo que existia naquela pequena vila de pescadores era primitivo e rudimentar. O desenvolvimento e o turismo começavam a chegar, inicialmente só com visitantes mais aventureiros. Mas foi em 2002, após alguns anos sem visitar a região, que conheci o Alto do Mucugê, bairro localizado no topo das gigantes falésias da praia do Mucugê. Hospedei-me na pousada de uma amiga, Heloísa, uma casa que ela e o antigo marido construíram, depois de lá chegarem na década de 1970. Um ano depois, no Réveillon, fechei a pousada dela para família e amigos. Eu desejava profundamente ter meu próprio canto naquele pedaço fascinante do planeta, porém, os poucos terrenos à venda de frente para o mar eram caríssimos já naquela época.

Por volta de 2005, fiquei sabendo de uma propriedade construída na ponta da falésia, mais ou menos trinta metros acima do mar, por um sujeito chamado Boré, um músico que ali vivia com a esposa e dois filhos. Era uma casa pequena e modesta, pouco se enxergava da vista panorâmica do oceano por causa da mata fechada do próprio terreno. Um espaço de tamanha qualidade era raro de se encontrar. Potenciais compradores haviam tentado convencer o músico a vender a propriedade, mas ele se recusava, ouvi dizer. Também descobri que ele havia adquirido o terreno com pagamentos parcelados, mas que não conseguia mais honrar a sua dívida. Por isso, a proprietária anterior entrou na justiça, abrindo um processo que, naquele momento, já perdurava por dez anos.

Aquele não era um lar convencional. A casa era o sonho dele e ele não estava conseguindo sustentar esse sonho. As pessoas que tentavam comprar a propriedade não estavam usando a abordagem certa.

Eu tinha um plano. Próximo à casa de Boré, comprei um terreno. Não tinha vista para o mar; em compensação, era cercado por uma vegetação acolhedora. Então, procurei pela antiga proprietária da área onde vivia o músico e dela adquiri o processo judicial, incluindo os direitos e deveres da discussão. Com a estratégia armada, num meio de semana, me instalei em Arraial e contratei um corretor para intermediar as negociações.

O corretor foi até Boré para entregar minha mensagem: "Caso não queira mais ter esse processo judicial, você não precisa, porque eu o adquiri. Comprei também um terreno na mesma rua e lá construo uma casa para você. Pode escolher o arquiteto. Em troca, acabamos com toda a discussão judicial e você ganha uma casa nova".

No segundo dia, comecei a conversar diretamente com ele. Eu só entendi o que acontecia entre aquela mata fechada da propriedade e a motivação daquele homem quando conheci o espaço. Boré havia construído uma casa de estilo baiano, com parede caiada, pintada à base de cal, telhas de barro e janelas de madeira. Em outra área, fez uma arquibancada com três andares, uma sala de som e um palco de concreto, tendo embaixo dele um quarto que usava como estúdio. Era como um anfiteatro grego no meio da mata. Naquele espaço, ele queria fazer shows, ensinar música, mas faltava dinheiro para finalizar e viabilizar a sua invenção.

Quando vi tudo aquilo, eu falei: "Boré, a gente vai construir um estúdio para você e vou te dizer uma coisa. Nada disso aqui eu vou destruir, vou só melhorar essa bossa. O seu sonho continua". Eu vendi um sonho para ele e fechamos o negócio em três dias.

Um ano e meio depois do acordo, Boré se mudou para seu recém-construído lar. Era a vez de Cássia dar continuidade ao trabalho, gerenciando a reforma, a limpeza do terreno e as melhorias em nosso novo segundo lar. Arrumamos a estrada que dava até a casa, deixamos o mar invadir a vista e fizemos do espaço uma verdadeira vila grega, com as paredes brancas e as portas, as janelas e outros detalhes de decoração em azul. Junto ao anfiteatro, no lugar da sala de som, montamos um quarto de visitas. E, embaixo do palco, no antigo estúdio, fizemos nossa suíte. Por três anos, nós e os meninos usufruímos dessa encantadora morada de férias, enquanto levantávamos recursos para erguer nosso sonho próprio naquele mesmo terreno. Assim nasceu a Villa Greda.

De alguma forma, eu queria manter a promessa que havia feito a Boré. Ao mesmo tempo, precisava seguir as regras de ocupação do terreno, que abrange uma área de proteção ambiental. Assim, quando desenhei o projeto da nova casa, preservei os quatros blocos de construção que Boré, um dia, havia definido, apenas ampliando suas dimensões. Na planta moderna, previ uma área social com cozinha, sala de estar e spa; dois blocos de suítes, acessíveis por uma trilha entre a mata; e, por fim, o espaço das piscinas, localizadas ao centro do terreno, onde costumava existir o antigo anfiteatro. Assim, se antes as pessoas miravam, da arquibancada, o palco, passaram a avistar, dos quartos, a piscina central, de borda infinita, e o espetáculo da natureza que ocorre além das falésias.

A casa contemporânea tem inspiração nos estilos mediterrâneo e baiano, mesclando alvenaria com materiais como eucalipto e palha de dendê. É claro que o projeto que desenhei não levou em consideração o rigor técnico do trabalho, mas ali coloquei todos os ideais de um lugar inspirador, confortável e único para receber as pessoas. Entreguei o esboço a um arquiteto, para que ele tornasse aquela proposta real, e toda a decoração ficou a cargo de Cássia. A área construída tem hoje uma extensão de dois mil metros quadrados, além de muros de arrimo para conter a terra sobre as falésias.

A possibilidade de transformar aquela obra de arte de concreto em um negócio – um "hotel boutique", quem sabe – já passava pelos meus pensamentos. A estratégia foi divulgar a casa apenas para público estrangeiro, em especial europeu, como um destino de luxo e conforto, porém simples e rústico, um lugar exótico em meio à vegetação tropical. Esse trabalho gerou frutos ainda maiores do que meus sonhos. Em 2015, a Vila Greda foi capa da mais conceituada revista de viagem no mundo, a Condé Nast Traveller. Assim, ao mesmo tempo em que usufruímos por muitos anos de nosso refúgio tão especial na Bahia, o negócio prosperou, gerando retorno sobre o investimento na compra do terreno e na construção.

Até que, ainda em 2015, o sangue de empreendedor falou mais alto que o apego a uma criação. Uma proposta de venda da Villa Greda me fez pensar, enquanto Cássia firmava sua posição: "Não vai vender de jeito nenhum"! Como se desfazer de um projeto tão caro para o coração, nascido de tanta dedicação, entrega e carinho? Por que sair do lugar em que mais desejamos estar? Eu mesmo hesitei. Mas, na sombra da indecisão, o apoio dos meus filhos foi essencial, em especial o do Victor, que me incentivou a fazer a coisa certa: "vamos em frente, é para acontecer"!

Decisão de negócio é assim: uma vez que está tomada, temos que defendê-la como um caminho sem volta. Ainda que tenha volta. Ainda que você possa mudar de ideia um dia. A venda da Villa Greda foi muito importante, uma operação imobiliária relevante. Ter vendido a casa foi uma escolha dura, mas está feito porque teve uma proposta excepcional e, quando você tem uma grande oportunidade, é preciso aproveitá-la. A história se fecha com uma transação comercial, mas essa foi uma decisão racional.

Como parte do pagamento, recebi um terreno ao lado da casa. Então, lá fui eu pegar lápis e papel para desenhar um novo sonho. No projeto, idealizei duas casas, que batizei de Bahia Blue e Arraial Blue – a primeira, nova morada de férias de nossa família; a segunda, vendida para amigos. São projetos inspiradores, mas completamente diferente da Villa Greda. Afinal, não dá para replicar uma realização que tem uma crônica própria e um legado insubstituível.

A originalidade da Villa Greda está em todos os detalhes, até no nome: pelos diferentes blocos que formam o complexo, ela recebeu o título de Villa. Já o segundo nome faz referência à matéria que compõe as falésias da região, uma argila vermelha chamada, pelo povo local, de greda. Pois, se é para realizar, tem que haver significado. Sempre. Quero ter o porquê das coisas para contar.

Foi com isso em mente que busquei o sentido por trás da criação do restaurante Aldeia Cocar, anunciado por uma coluna de gastronomia no jornal *Folha de S. Paulo*, em 19 de dezembro de 2002, da seguinte maneira:

> "O restaurante fica numa área verde de 8.000 m², depois do condomínio de Aldeia da Serra. Ele une atividades ligadas à natureza (passeio sobre as árvores) a uma decoração de inspiração indígena, tudo amalgamado por citações de culinárias brasileiras e suas influências. O cardápio é tão curto quanto eclético, mencionando diferentes tradições. Ele foi elaborado pelos três proprietários, que vêm de trajetórias diversas: Adelson de Sousa, 35 anos, empresário de mídia; Carlinhos Awoki, 40, que foi do Esplanada Grill e depois do São Paulo Grill; e Cássia Meireles, 32, decoradora e florista".

A Aldeia Cocar surgiu não de uma oportunidade, mas da combinação de ao menos três delas: um restaurante da região que já tinha o nome de Cocar e estava à venda; a confiança no chef e meu grande amigo Carlinhos, que vinha de uma experiência mal sucedida, mas tinha uma larga competência e experiência com restaurantes, e a descendência indígena de Cássia. Eu queria homenageá-la. Criamos um espaço acolhedor no meio do mato, acessível por uma estrada de terra, integrado com a natureza e onde as pessoas vivenciassem a história da miscigenação do povo brasileiro, isso contado por meio da gastronomia. Assim, escrevemos a lenda do Areté Een:

> Em uma antiga tribo, a 30 km da cidade de São Paulo, viveram os índios Ekobé e Berab. Eram os realizadores de uma festa indígena chamada Areté Een, que, em guarani antigo, significa festa dos sabores. Diz a lenda que Ekobé ordenava aos índios guerreiros que fossem buscar carnes, ervas e frutos na floresta. Eles deixavam suas mulheres e filhos e caminhavam até as regiões mais distantes em busca de diversos sabores. Após a partida dos guerreiros, as mulheres se reuniam para enfeitar a aldeia e preparar o local da ceia. Eram sete dias de preparações até a volta dos homens que traziam para a tribo o Een (os sabores).
>
> Ekobé e seu filho Berab reuniam os vários alimentos trazidos e preparavam os sabores da festa durante um dia inteiro. Pouco antes do sol se por, os índios se reuniam no centro da aldeia, formando um círculo onde os pratos para cada um dos integrantes eram servidos. E assim ocorreu por muitos anos. Mas, quando Ekobé ficou velho e percebeu que sua hora estava por vir, pediu ao seu filho Berab que, no dia de sua morte, construísse uma oca em forma de cocar no centro da tribo, para sua alma percorrer diversas gerações protegendo os índios. Essa oca eternizou o Areté Een e o nome de Ekobé e seu filho Berab foi lembrado para sempre.
>
> A história conta que o místico cocar de Ekobé protegeu aqueles índios das diversas transformações que ocorreram no Brasil. Dizem que os portugueses não escravizaram aqueles índios por terem se enfeitiçado pelos

sabores da aldeia. Viveram lá por muitos anos, num convívio tranquilo, e alguns até casaram-se com índias. A irmandade era tanta que, no lugar da antiga oca, ergueram o cocar atual, em homenagem à tribo que os acolhera.

Anos mais tarde, escravos africanos passaram pela aldeia, fugidos de seus senhores de engenho. Sentiram-se seguros por lá, descobrindo o real sabor da liberdade. Com o passar dos anos, outros povos migraram para o Brasil – árabes, alemães, japoneses, italianos, entre outros. Inexplicavelmente, passaram pela antiga aldeia indígena, transformando-a numa fantástica miscigenação de costumes e, principalmente, de sabores.

Fica a pergunta: por que todas essas pessoas se dirigiram até esta aldeia? Como a teriam encontrado em meio à fechada vegetação? Parece difícil explicar, mas é muito simples para esses índios: é o espírito do sábio Ekobé que continua chamando diferentes povos, pois a vinda deles traz mais sabores para o seu velho Cocar.

Hoje, o restaurante Cocar chama você para também fazer parte dessa lenda e experimentar todos os sabores trazidos pelos povos que por aqui passaram.

O restaurante inaugurou também o primeiro circuito de arvorismo da grande São Paulo. Trouxemos para o espaço, ainda, arcos e flechas confeccionados pelos índios xavantes.

A Aldeia Cocar manteve-se ativa por oito anos.

*

Sei que o ganho de maturidade como empreendedor contribuiu para os sucessos empresariais da Villa Greda e do Aldeia Cocar, assim como criou o momento oportuno para a concretização de um antigo sonho – a produção do meu próprio vinho, que cresce de uma terra árida, fértil e belíssima aos pés da Cordilheira dos Andes, na região de Medonça, precisamente no Vale do Uco, na Argentina, e ao qual batizei de "In quietud". O duplo entendimento é proposital e ilustra bem o dilema que provavelmente me acompanhará até os últimos dos meus dias: aquietar-me ou inquietar-me? De qualquer forma, o ganho de consciência e equilíbrio é um fato e, certamente, contribuiu para dias mais harmônicos e prósperos em todas as esferas da minha vida.

Se eu fosse definir as duas fases da minha história em poucas palavras, diria que a primeira foi de um lindo romance e, a segunda, de reconhecimento das forças da razão. E essa transição não foi nada simples. Eu quase me autoflagelava, impondo boas maneiras e um comportamento artificial sobre os meus desejos mais súbitos. Só comecei a aceitar melhor a mudança a partir da tomada de consciência sobre o sofrimento e as vulnerabilidades desse estilo de vida. Se eu quisesse seguir com a trajetória de empreendedor, eu tinha que mudar.

Por outro lado, a busca por conhecimento e crescimento sempre esteve na origem de todas as ações, ainda que a meta não estivesse clara, ou que eu não entendesse exatamente qual era o meu papel nesse planeta. O encantamento pela pipa e o movimento de conquistá-la simbolizam tanto uma fase, quanto a outra. Pois eu não saberia viver de outra forma, a não ser apaixonado por uma possibilidade. No fundo, construí um personagem, uma casca que envolve o instinto para que ele tenha limites. Essa faceta do cara planejado não está na composição da minha matéria. E vou confessar uma coisa: eu adoraria me jogar como fazia aos 30 anos, sentindo a vibração e o prazer da liberdade inconsequente, da realização sem freios. Mas, aprendi a equilibrar o quente e o frio e, o mais importante, a extrair felicidade disso. Até porque o sonho é o mesmo – o de progredir, de colaborar com o outro, de gerar e compartilhar riqueza.

No fundo, existe um animal aqui dentro. Às vezes, ele escapa. Rasga a casca e a roupa. Respira ar puro. E, então, aquieta-se de novo, depois de mostrar quem é o mais forte.

Capítulo 17

DIGA ADEUS A ELAS

22 de abril de 2017, Hotel Iberostar, Praia do Forte (BA)

Já passava da meia-noite. O show de Alceu Valença, na segunda noite do IT Forum 2017, acabara naquele instante. Os convidados começavam a deixar o espaço Garcia D'Ávilla, em passo uniforme e distraído, ainda sob efeito do balanço da música nordestina e das taças de vinho. Os mais resistentes e animados seguiam para o lobby do hotel, onde geralmente as conversas pós-programação oficial continuam. Nisso, ninguém se deu conta da movimentação esquisita dos colaboradores da IT Mídia, que, um a um, recebiam uma mensagem ao pé do ouvido e, imediatamente, corriam sem olhar para trás, abandonando o bando e a área de eventos em disparada. Em poucos segundos, a notícia chegou a Adelson. Mas, diferentemente dos outros, ele não correu, nem arregalou os olhos ou denunciou qualquer desespero, apenas caminhou com a máxima abertura das pernas e com o olhar voltado para dentro, como quem busca, mentalmente, evitar que um vaso de porcelana caia e se parta em mil fragmentos. Subiu em seu carrinho de golfe particular, que usa para se deslocar pelo complexo do hotel, com mais três ou quatro pessoas a bordo, penduradas do jeito que dava nas estruturas do pequeno veículo. Então, partiu em direção aos blocos de apartamentos, acelerando pelas pistas estreitas e que cortam os jardins do Iberostar. Sumiu na escuridão.

Peguei no braço de uma das líderes da organização do evento, que tinha no olhar assustado o tom da notícia: alguma coisa estava errada.

— O que está acontecendo?
— Mande os seguranças todos do hotel para o bloco dois – foi o que ela disse, somente, quase sussurrando.

Perguntei, então, a uma colaboradora da IT Mídia, e ela soprou o segredo: uma pessoa ameaçava se matar.

Quando me aproximei do bloco dois, o silêncio foi interrompido pelo som do chacoalhar do carrinho de golfe e pelas vozes eufóricas de Adelson e de uma menina, que, sentada no banco do passageiro, tinha os braços soltos acima da cabeça. Ele mantinha as mãos firmes no volante. Juntos, liberavam a emoção em alto tom, conforme viajavam pelas curvas mais fechadas:

— Woohooooo!

Adelson?
Será que eu estou ficando louca?

No corredor térreo do conjunto de apartamentos, o grupo da IT Mídia que saíra às pressas do espaço de eventos estava em concentração. Ao círculo, juntava-se o filósofo Mario Sergio Cortella, que havia palestrado no primeiro dia de evento e, ao lado de sua esposa, Cláudia, aguardava um fechamento da história. Uns falavam de crianças sozinhas e pais desatentos; outros não diziam sequer uma palavra. Alguns continham inércia ou lágrimas nos olhos. E somente Cortella mantinha um sorriso tranquilo, quase imperceptível.

Adelson dirigia em círculos, sem se distanciar muito dos apartamentos, enquanto os relatos surgiam em pedaços. Uma menina, aparentemente com algum tipo de distúrbio neurológico, embora ninguém tenha apurado essa informação, ameaçara se jogar do segundo andar, na frente do irmão mais novo, de cerca de sete ou oito anos de idade, que segurou as pernas da irmã para que ela não pulasse. Alguns perguntavam: onde estariam com a cabeça os pais daquelas crianças, ao deixá-los sozinhos? Eu ainda me perguntava o que havia perdido entre a tentativa de suicídio e a aventura de Adelson e sua nova amiga pelos jardins do hotel. Ninguém sabia ou não queria contar. O certo era que a situação estava sob controle – o de Adelson.

Naquela noite, após entregar a menina, em segurança, às mãos dos pais, ele seguiu para o bar do lobby. Não falou muito sobre o episódio. Com a respiração curta e cansada, estufando o alto do peito, agarrou o braço do amigo e chef Carlinhos Awoki.

— Carlinhos, me arruma um chope – disse.

O pedido foi atendido prontamente.

Somente em São Paulo, em um de nossos últimos encontros da fase de imersão em sua história, Adelson me contou o que ocorreu naquela noite.

Quando chegou ao bloco dois, membros do staff do hotel e da IT Mídia já cercavam a área, provavelmente sem qualquer estratégia em mente. Aquele era o tipo de situação com a qual todas ou pelo menos a maioria daquelas pessoas não sabiam lidar. O que fazer ou dizer a alguém que prenuncia o próprio fim? Adelson já tinha alguma experiência com esse tipo de situação, é verdade, mas os fatos que vieram a seguir não se originaram de qualquer histórico empírico ou teórico.

— Não se aproxime, ela vai se jogar! – alguns alertaram, enquanto Adelson saltava pelas escadas e alcançava o segundo andar, em direção à menina, contrariando as poucas referências ali reunidas de como evitar a decisão final de um suicida.

— Pare! Afaste-se! – os pedidos continuaram.

Adelson aproximou-se. Viu uma jovem, de porte de 13 ou 14 anos, talvez, junto ao parapeito. Parecia dominada por uma espécie de descarga elétrica, com contrações musculares na face e no corpo todo, dedos das mãos alongados e rígidos e olhos arregalados. Ele não sabia que estado de consciência era aquele, apenas que fugia da normalidade. Talvez, uma convulsão. Talvez, não. De uma forma ou de outra, não pensou nisso. Caminhou decidido ao encontro da garota e a abraçou.

— Está chato aqui. Vamos sair daqui comigo? – ele disse.

Ela aceitou o convite e, envolvida pelos braços do novo amigo, afastou-se do parapeito, desceu as escadas e pulou, com ele, para dentro do carrinho de golfe.

— Você não gosta de gente, né?
— Eu não gosto, tio.
— Eu também não. Vamos passear.

Adelson acelerou, deixando o vento tocar a pele e descontrair toda tormenta. Perguntou a ela se já havia visto tartarugas marinhas.

Disse que aquelas areias da praia estavam cheias delas. Surfou as curvas da pista, libertando os braços e o grito da menina, como quem se entrega ao movimento oscilante de uma montanha russa. Terminou o passeio somente quando os pais chegaram ao local, dez ou quinze minutos depois. Ela receou que os pais ficassem bravos com a "desobediência" dela, mas ele disse que não, que eles não ficariam bravos e que estava tudo bem.

— Você não vai ficar bravo com ela, não é, pai? – Adelson o questionou, ao entregar a filha aos seus cuidados, criando com ele um acordo velado entre adultos.

Os pais eram antigos conhecidos da comunidade da IT Mídia.

— Filha, você deu muito trabalho para o tio? – o pai, provavelmente sem ideia do que havia se passado minutos antes, perguntou.
— Ela não deu trabalho nenhum – respondeu Adelson.

No lobby, as testemunhas do ocorrido se entreolhavam compartilhando alívio. Alguns pensamentos emocionados em torno da conduta dos pais escaparam. Adelson reprimiu firmemente todos os julgamentos. Também não buscou explicações, assim como ninguém as exigiu dele: "o que você fez?", "como fez?" ou "por que fez?". Também não teria respostas elaboradas para dar sobre uma decisão espontânea, gerada por uma mente familiarizada com o improviso derradeiro. O que importa é que foi assertivo em sua ação, seja por aptidão e prática com o acaso, seja por confiar no diamante invisível que habita camadas profundas de sua existência. Da existência de todos nós.
Do pouco que narrou sobre aquele episódio, resumiu:

— Eu só dei amor a ela.

*

Adelson completou 50 anos, em 2017, sentindo um alívio não só no peito, mas também em outras regiões do corpo que sempre suportaram as consequências de movimentos súbitos e extenuantes. Às vezes, ainda delata a dor nas costas. Mas não é como antes. Ela melhorou e, hoje, tem uma boa justificativa para ir embora.

No início do coaching com a terapeuta Rosana Romão, dois anos antes, Adelson escreveu uma carta, uma espécie de declaração de compromisso com a transformação que aceitara enfrentar, inaugurando uma expedição por recantos internos e selvagens. De próprio punho, elaborou uma mensagem direcionada a si mesmo, contando onde e como gostaria de estar no futuro. Ganhar, sustentar e desfrutar: sobre esse tripé, construiu novas metas. Novos sonhos.

Não imaginava, ainda, os passos que teria que reconstituir para merecer esse destino, como foi o retorno à cena de um crime quase acabado. Rosana define o reencontro com esse episódio do passado, entre outros momentos resgatados durante a terapia, como um processo de enfrentamento:

❛ Adelson viveu muitas situações na vida que podem ter sido registradas como um grande golpe, um registro de sensação de morte. Ao experimentar isso muito cedo, a pessoa pode entender que é assim que se vive, determinando um padrão que se repete. Isso vira uma sina. Então, ao tomar consciência das situações que foram negadas, ele conquistou o poder de enxergar. ❜

A filosofia, a ciência e a arte dizem que a criação e a destruição são manifestações interligadas e indivisíveis da natureza. Assim, poderíamos entender que todo ato empreendido por um único homem, em seu universo particular, também contempla as duas faces da ação. Por consciência ou impulso, na alegria ou na dor, Adelson aplicou essa lei a cada escolha que fez: ao vender a casa de seus sonhos; ao colocar a IT Mídia em um avião de volta para a casa, para o setor de TI; ao entrar em um avião de volta para casa; e, especialmente, ao abandonar antigas versões de si mesmo para erguer uma nova referência.

Na arte da escrita, existe um ensinamento fundamental, que os norte-americanos chamam, brilhantemente, de "kill your darlings"; na tradução, algo como "mate os seus queridinhos", para que o autor abra mão de tudo o que é desnecessário para a compreensão da história. Isso porque, quando adoramos nossas criações, perdemos o senso de objetividade. Alguns agarram-se a suas ideias, como se protegessem partes do próprio corpo. Mas há quem, apesar de amá-las, diga adeus a elas.

Essas pessoas já aceitaram a dádiva e o risco do amanhã.

Alcançaram a outra margem do rio.

Moveram seus desejos para lá.

E voam. Voam como uma pipa que interage com o vento. Às vezes, o vento faz força sobre a pipa. Às vezes, a pipa faz força sobre o vento. Ele a empurra, como se fosse derrubá-la, mas a sustenta. Ela permanece, brincando de flutuar sobre um abismo. E, uma vez que embala no movimento, parece nunca mais querer pousar.

POSFÁCIO

O singelo título desta obra de Adelson de Sousa e Silvia Noara Paladino – *Sonhando com Pipas* – esconde um relato denso em dramaticidade.

Como no conceito da "jornada do herói", criada por Joseph Campbell, nosso personagem retorna das suas provações disposto a compartilhar seu aprendizado adquirido ao longo da sua trajetória repleta de convívio com a morte e de inconformidade com a carência financeira vivida pelos pais e avós.

Quando o fundador da IT Mídia confessa que foi longe ("longe demais") na perseguição de seu sonho, ele, ao mesmo tempo, acredita que a narrativa de suas experiências e a sua sinceridade podem trazer novas perspectivas sobre os limites do ser humano e os dilemas morais que as pessoas podem assumir ao não dosar sua impulsividade.

O encadeamento dos fatos narrados, intensos e aflitivos, às vezes comoventes, comprova que o protagonista atinge seu objetivo. Como ficar indiferente à vontade férrea do menino de 8 anos que, para perseguir o sonho de ter sua pipa, se desvia do caminho entre a escola e a casa para vender sucata? Como deixar de notar que, mesmo de emprego fixo em banco, agora aos 17 anos, ele se contrabandeia para comprar bugigangas no Paraguai, fazendo dessa estrada um trampolim para ir parar em Rondônia, vendendo relógios para garimpeiros e correndo o risco de cair nas mãos de justiceiros ou de contrair malária? Como ignorar a teimosia em não seguir o conselho da futura esposa, embrenhando-se em aventura de conduzir o potencial assassino para o local de execução do crime? Como não se chocar com a dramaticidade do envolvimento amoroso paralelo com a jovem modelo, levando-a à tentativa do suicídio ou, conforme advertência do psiquiatra, à perpetuação de um homicídio?

Ao nos conduzir à reflexão sobre o risco de caminhar na beira do precipício ou de andar no alto do trapézio sem rede de proteção, Adelson nos leva a repensar, a todo momento, o nosso caminhar. Não há como ficar indiferente e imune ao estímulo – quase provocação – de repensar a nossa própria trajetória. Disso não há dúvida.

Adelson evita explorar o lado da superação e do sucesso do empreendedor – que ele efetivamente é. Mas o leitor atento e interessado em identificar a origem e o perfil dos empreendedores percebe pistas visíveis sobre de onde parece ter vindo a sua vontade férrea, o desejo incontrolável de vencer barreiras e obstáculos.

O primeiro aspecto a destacar é que esse desejo obstinado é próprio de pessoas com esse perfil, o que sugere ser marca universal de quase todos os empreendedores.

No caso de Adelson, ele parece compelido a agir sob a influência de pelo menos três fatores: da genética, do convívio precoce com a sensação de morte e da inconformidade com a penúria dos ascendentes.

Da mãe, herdou a coceira de fazer negócio. Quando o marido queria alugar casa, ela bateu o pé para que fossem donos do próprio teto: "Mas que nós vamos comprar, nós vamos comprar". Quando podia, apoiava o orçamento familiar, seja produzindo encomendas para o alfaiate vizinho, seja formando rede de revendedoras de peças de cama, mesa e banho que comprava por preço módico.

Antes mesmo de nascer, a morte rondou o seu futuro, quando o irmãozinho perdeu a vida prematuramente, e ele próprio, aos três anos de idade, flertou diretamente com a sensação de falecimento quando um caroço de melancia entupiu a passagem de ar para seus pulmões, causando o surgimento de uma bronquite que dava a ele a sensação de que ia morrer. Os episódios relacionados à morte ganham dimensão na tentativa do seu assassinato e são frequentes na narrativa, tanto que o vocábulo supera a utilização de expressões como *sonho* ou *empreendedorismo*.

A penúria dos avós, produzindo para comer e perdendo a propriedade para viver como meeiros, e também a dos pais, na labuta de assentar tijolos com as próprias mãos para construir a moradia, durante as horas de folga do trabalho, criaram seu inconformismo "não queria repetir a trajetória de dificuldades e recursos limitados que os meus conheceram tão bem".

A literatura acadêmica não reconhece um padrão para definir a origem, o perfil e as características do empreendedor, mas a hipótese de que os três elementos exerceram papel determinante na quase irrefreável impulsividade de Adelson não pode ser menosprezada.

E é da natureza e da origem dessa impulsividade que ele se impõe reconhecimento e controle, partindo para um reencontro com o passado. Com o apoio de uma terapeuta e da biógrafa, ele refez a sua caminhada tanto no divã, quanto nos lugares que determinaram a sua condição de sobrevivente. O que se lê, então, é uma impressionante lembrança dos caminhos e descaminhos que um ser humano é capaz de trilhar impulsionado por fatores diversos que, no seu caso, vão aos poucos sendo desvendados e que, identificados, explicam a manifestação do seu estado atual: "Talvez, nos últimos dois anos, eu tenha conseguido me pacificar um pouco mais, no entanto, só agora começo a entender o que é uma vida de estabilidade e paz de espírito".

A trajetória aqui narrada lembra, como já dito anteriormente, a jornada do herói consagrada na obra *O Herói de Mil Faces*, do antropólogo Joseph Campbell, que tem sido utilizada para descrever a vida de personagens que povoam o imaginário coletivo. A jornada de Campbell é composta de 12 passos, resumidos em três momentos cruciais na vida de qualquer herói: a partida que representa o despertar da missão para o qual é chamado; a iniciação, que é a própria jornada e as provações a que é submetido; e finalmente o retorno, em que o herói ressurge triunfante, representado pelo gesto espontâneo de Adelson de Sousa ao resguardar a jovem no balcão do apartamento no hotel, durante o IT Forum 2017 – e, o mais importante, ao compartilhar sua experiência e seu compromisso para o futuro: "ganhar, sustentar e desfrutar".

Prof. Emerson de Almeida
Fundador da FDC (Fundação Dom Cabral)

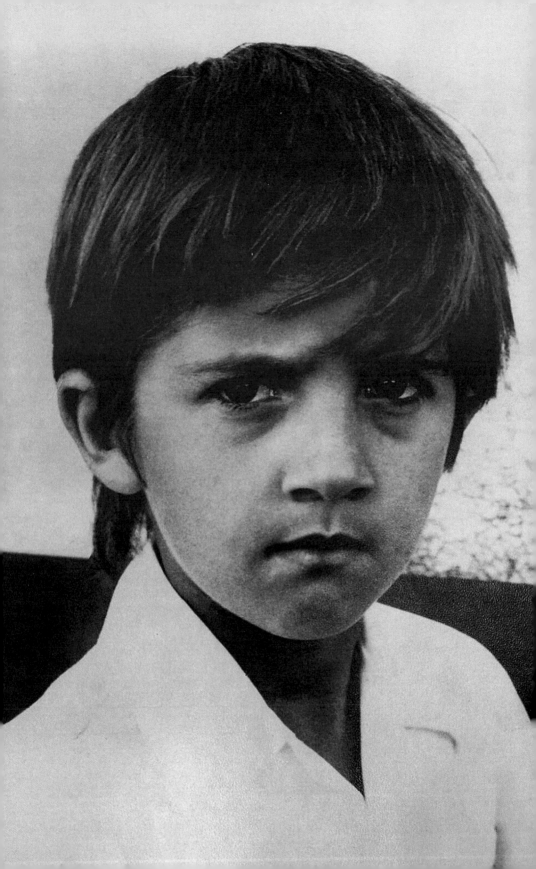

Por dentro da carne e do mistério de todo homem, pulsa uma essência. Alguns passam a vida sem notá-la, outros enlouquecem ou esmorecem com a dúvida. Mas há quem atenda ao chamado, atirando-se à vontade indomável de descobrir o mundo e a si mesmo.